Bärbel Löffel-Schröder

Schön, dass es dich gibt, Mama

Ermutigungsgeschichten für Mütter

Über die Autorin

Bärbel Löffel-Schröder ist verheiratet mit Bruno, von Beruf Erzieherin und lebt und arbeitet seit 1997 in der Freien Christlichen Jugendgemeinschaft (FCJG) in Lüdenscheid. Sie ist dort mitverantwortlich für die Arbeit mit Kindern und Teenagern. Außerdem ist sie die Autorin der Kinderserien „Maike" und „Anna und Lukas" für Kinder im Alter von 3 bis 6 Jahren. Bärbel Löffel-Schröder erzählt und predigt gern mit ihren Geschichten. Besonderen Spaß macht es ihr, wenn sie Kindern, die wenig über Gott wissen, auf dem Spielplatz oder bei Veranstaltungen Gottes Liebe nahebringen kann.

Bärbel Löffel-Schröder

Schön, dass es dich gibt, Mama

Ermutigungsgeschichten
für Mütter

GerthMedien

FSC
Mix
Produktgruppe aus vorbildlich bewirtschafteten Wäldern und anderen kontrollierten Herkünften

Zert.-Nr. SGS-COC-1940
www.fsc.org

Verlagsgruppe Random House FSC-DEU-0100
Das FSC-zertifizierte Papier *München Super* für dieses Buch liefert Mochenwangen.

1. Auflage 2010
Bestell-Nr. 816 468
ISBN 978-3-86591-468-2

Umschlaggestaltung: Immanuel Grapentin
Satz: Die Feder GmbH, Wetzlar
Druck und Verarbeitung: CPI Moravia

Inhalt

Das hatte sie nicht gewollt

Das hatte sie nicht gewollt. Die Augen ihres Kindes wandten sich ab und füllten sich mit Tränen.

„Mama, ich hab das doch nicht extra gemacht", weinte die Kleine und ihre Unterlippe schob sich zitternd nach oben.

Stefanie schaute auf den umgefallenen Eimer und die große Wasserpfütze auf dem Fußboden. Auch das noch. Wo doch heute sowieso schon so viel zu tun war. Warum blieb eigentlich alles an ihr hängen? Und dann sollte sie immer noch geduldig sein. Ihr Mann hatte gut reden. Er war nicht den ganzen Tag mit zwei kleinen Kindern zu Hause.

„Mensch, Emma, warum passt du nicht ein bisschen auf? Jetzt geh in dein Zimmer und spiel mit deinen Spielsachen!"

Wie das Kind sie anschaute. Traurig, aber auch ein bisschen trotzig.

„Mama, ich wollte dir doch nur helfen", erklärte sie schluchzend, drehte sich um und lief in ihr Kinderzimmer.

Stefanie lachte leise vor sich hin. Aber es war ein bitteres Lachen. Helfen! Schöne Hilfe! Jetzt konnte sie auch noch die ganze Überschwemmung beseitigen. Toll! Das hatte ihr gerade noch gefehlt. Und dann die Heulerei im Kinderzimmer.

In ihre Gedanken schoben sich nun auch noch Selbstvorwürfe. Warum hatte sie Emma eigentlich so ausgeschimpft?

Konnte das Kind überhaupt etwas dazu? Sie würde später zu ihr gehen und versuchen, den Schaden wiedergutzumachen. Jetzt erst mal aufwischen.

„Mama?", hörte sie plötzlich ein leises fragendes Stimmchen. „Mama? Ich hab was für dich." Und dann bekam sie etwas in die Hand gedrückt und Emma schaute sie fragend an.

„Ich hab für dich ein Bild gemalt."

Stefanie schaute auf das Bild und merkte plötzlich, wie auch ihre Augen feucht wurden. Da stand in großen Buchstaben: MAMA ICH HAP DICH LIP.

Auf einmal merkte Stefanie, wie ihr Herz ganz weit wurde. Und weich.

Sie nahm Emma in den Arm. „Ich dich auch, mein Schatz. Tut mir leid."

Plötzlich zog es wie ein Lichtstrahl in ihr Herz. Ein Gedanke, der größer war als ihr Alltag. In ihren Gedanken sah sie Jesus vor sich, wie er sie anschaute. Bestimmt vorwurfsvoll, oder? Nein, nur voller Liebe.

„Ich hab's einen Moment lang vergessen", sagte sie leise. „Du hast mich lieb. Mehr als jeder andere."

Genau das brauchte sie heute

Genau das brauchte sie heute – so einen richtig schönen Friseurbesuch. Mal aus der Wohnung kommen, eine Tasse Kaffee trinken, sich bedienen lassen, verwöhnt werden, etwas lesen. Und jetzt?

„Hallo, ich hatte heute einen Termin bei Ihnen. Ich muss aber leider absagen. Meine kleine Tochter ist krank geworden."

Sie musste schlucken. Warum nur fiel es ihr so schwer, zu verzichten? Sie hatte sich doch Kinder gewünscht, und dass sich ihr Leben dadurch verändern würde, war ihr klar gewesen.

Es war einfach diese Reihe von Kleinigkeiten, die sie nervte. Immer kam etwas dazwischen. Und immer wieder musste sie zurückstecken.

„Mama, kannst du mal kommen? Kann ich was zu trinken haben?"

„Ja klar, mein Schatz, ich komme. Was möchtest du denn, Saft oder Tee?"

„Mama, kannst du mir vorlesen? Mir ist langweilig."

Sie las vor, aber mit ihren Gedanken war sie nicht bei ihrer Tochter.

„Mama?"

„Marie, jetzt warte doch, lass mich mal einen Moment in Ruhe."

„Mama?"

Sandy gab keine Antwort.

„Mama? Du?"

„Was ist denn, Marie?"

„Du bist die beste Mama auf der ganzen Welt."

In Sandys Herzen bewegte sich etwas.

Kleine Freudenfunken breiteten sich aus. Und plötzlich wusste sie, worauf sie nicht verzichten wollte: Auf dieses kleine Stimmchen von Marie.

Und noch etwas viel Größeres bewegte auf einmal ihr Herz: Der Trost von Gott, der trösten kann, „wie einen seine Mutter tröstet".

Darauf wollte sie nie in ihrem Leben verzichten.

Das Wunderkind

Sie würde nicht mehr hingehen. Es war immer dasselbe. Die Mütter saßen zusammen und unterhielten sich. Die Kinder spielten drum herum und man redete über dies und das, was einen so interessierte. Eigentlich schön, so zusammen zu sein.

Aber irgendwann kam man bei jedem dieser Treffen natürlich auf die Kinder zu sprechen. Und wenn man die anderen Mütter so hörte, waren ihre Kinder die reinsten Wunderkinder.

Der eine Junge so ordentlich. Das gab es doch gar nicht.

Das kleine blonde Mädchen so erfolgreich im Ballett.

Und überhaupt, wirklich erstaunlich, was der kleine Josi vor Kurzem wieder gesagt hatte.

Heute war es schwer für Karoline. Natürlich wusste sie, dass ihre Tochter noch nicht so gut sprach wie viele andere Kinder in ihrem Alter. Nicht schlimm, dafür gab es schließlich die Sprachtherapie. Aber heute wollte Laura unbedingt einen Keks. Und mitten in eine Gesprächspause hinein sagte sie: „Ich will 'nen Tets."

„Was möchtest du?", fragte eine der Frauen.

„Mama, ich will 'nen Tets."

Josis Mutter schaute sie etwas mitleidig an und korrigierte

sie: „Keks! Möchtest du einen Keks? Hat sie Schwierigkeiten mit dem K? Na ja, das wird sich schon geben. Ist ja bei jedem Kind verschieden mit der Sprachentwicklung. In dem Bereich hatte ich Glück. Der Josi sprach schon mit zwei so gut, dass der Kinderarzt immer ganz erstaunt war. Komm mal her, Kleine, ich gebe dir einen Keks."

Karoline lächelte, aber in ihrem Inneren tobte ein kleiner Sturm. Sie fand es herzlos, wie die anderen Mütter mit ihren Kindern angaben.

Und – ja, sie schämte sich für ihre Gedanken – aber ein bisschen peinlich war es ihr, dass Laura noch nicht so gut sprach.

Auf dem Heimweg war sie etwas ruhiger als sonst. Aber das störte Laura nicht. Sie plauderte mit ihrer Puppe.

Als sie an einer Wiese vorbeikamen, zeigte sie fröhlich auf die Tiere.

„Mama, tuck mal, eine Tuh."

Warum reagierte Karoline nur so ungehalten?

„Ja, eine Kuh, Laura", sagte sie. Aber die Fröhlichkeit in ihrer Stimme fehlte dieses Mal. Irgendwie klang sie genervt. Ihre Tochter schaute sie fragend an.

Karoline lächelte ihr zu. Laura konnte schließlich nichts für ihre Sprache. Aber das Lächeln kam nicht aus ihrem Inneren.

Natürlich. Sie liebte ihr Kind von Herzen. Und ihr Mann war ganz der stolze Papa. Aber konnte Laura nicht ein bisschen mehr zum Vorzeigen sein? Wenigstens auf einem Gebiet etwas Besonderes sein, ein Wunderkind?

Plötzlich schien die Sonne durch die Wolken. Schön, so ein Naturschauspiel. Karoline hielt in ihren Gedanken inne. Und auf einmal fiel in ihr Herz ein Satz, als käme er direkt vom Himmel.

Laura ist ein Wunderkind.

Karoline musste an die Geburt denken. Es war eine schwierige Geburt gewesen. Als die kleine Laura endlich in ihren Armen gelegen hatte, war sie nur von einem einzigen Gedanken erfüllt gewesen: *Ein Kind ist ein Wunder direkt von Gott.*

An diesen Satz musste sie jetzt denken. Sie schaute ihr Kind an und die Liebe zu Laura überflutete ihr Herz. Jetzt lächelte sie nicht nur mit den Lippen.

„Laura, schau, die schöne Sonne. Die hat Gott gemacht. Und noch etwas viel Schöneres hat er gemacht. Dich. Du bist sein Wunderkind."

Laura schaute ihre Mama an. Sie verstand nicht alles, aber sie verstand die Liebe in den Augen ihrer Mutter.

„Und du bist 'ne Wundermama", antwortete sie. „Tomm, Mama."

Voll Vertrauen nahm sie die Hand ihrer Mutter und die beiden gingen gemeinsam weiter.

Warum sind wir nicht dabei?

Ihre Jungs saßen vor dem Computer.

„Wollt ihr nicht ein bisschen raus, Fußballspielen?“

„Nee, keine Lust.“

„Wozu habt ihr denn Lust?“

„Weiß nicht.“ Luca zuckte mit den Achseln.

„Die andern sind ja alle auf der Spielwiese. Warum sind wir eigentlich nicht dabei, Mama?“, fragte er fast vorwurfsvoll. „Sonst waren wir doch immer da.“

Es durchfuhr Barbara wie ein Stich. Ja, warum waren sie dieses Jahr nicht dabei?

Das Fest bei ihren Freunden war immer ein Höhepunkt im Sommer gewesen. Sie waren mehrere Familien, kannten sich schon lange. Die Kinder tobten und spielten den ganzen Nachmittag und abends beim Grillen saß man so lange zusammen, bis die ersten Sterne am Himmel zu sehen waren.

Es war das erste Mal, dass sie nicht eingeladen waren. Sie hatte immer auf den Brief gewartet, vor allem wegen der Jungs, denen das Fest so viel bedeutete.

Es war schon schwer genug für sie, seit ihr Vater ausgezogen war. Warum mussten solche Dinge auch noch Schmerzen verursachen? Luca und Flori waren doch noch nicht so groß, dass sie so etwas leicht abschütteln konnten.

Oh, Gott, hilf uns, sagte sie in ihrem Herzen.

„Ja, Mama, warum sind wir dieses Jahr nicht dabei?", fragte nun auch Flori.

„Ich weiß nicht", antwortete Barbara. Aber in ihrem Herzen ahnte sie es. Sie wussten wohl nicht, wie sie sich ihr gegenüber verhalten sollten. Wen sie einladen sollten, die Mutter und die Kinder, oder den Vater mit den Kindern.

Dann am besten keinen, hatten sie sich vielleicht gedacht. *Um niemanden zu verletzen.*

Ich will es ihnen nicht übel nehmen, dachte Barbara. *Sie meinen es nicht böse*, redete sie sich ein. Und doch, hätten sie nicht wenigstens mit ihr sprechen können? Vor allem tat es ihr weh wegen Luca und Flori.

Plötzlich klingelte ihr Handy.

„Barbara? Hallo? Du, wo bleibt ihr denn? Wir warten schon alle auf euch!"

„Ich, wir, wir dachten ..."

„Habt ihr denn die Einladung nicht bekommen? Sie sind diesmal zwar spät rausgegangen, aber ..."

„Nein, da ist nichts gekommen", sagte Barbara und Erleichterung machte sich in ihr breit.

„Dann mal los, wir wollen nicht ohne euch anfangen."

Die Jungs hatten gespannt zugehört.

„Sie warten auf uns", sagte sie. „Alle. Schnell, macht euch fertig!"

Diesmal war es ein anderes Stoßgebet, was aus ihrem Inneren aufstieg: *Danke, Gott, sie warten auf uns.* Und, nach einem Augenblick des Nachdenkens fügte sie hinzu: *So wie auch du immer wieder wartest, um zu helfen.*

Weihnachten

Kirstin hatte sich so auf diesen Abend gefreut. Hoffnungsvoll hatte sie auf Weihnachten hingelebt. Plätzchen gebacken, Geschenke besorgt, die Wohnung geschmückt. Es sollte ein Neuanfang werden. Mal wieder so richtig schön zusammen sein als Familie. Harmonisch, ohne Streit. Kein Stress, ihr Mann würde frei haben, die Kinder hätten keine Schule. Sie würden sich verstehen, so wie früher.

Und jetzt? Sie saß allein im Wohnzimmer, das feierlich beleuchtet war. Eigentlich der richtige Rahmen für einen stimmungsvollen Weihnachtsabend. Die Kinder hatten sich in ihre Zimmer zurückgezogen, Türen waren geschlagen worden. Sie war es so leid, dieses ewige Gezanke zwischen den Kindern und die genervten Reaktionen ihres Mannes darauf.

Eigentlich würde sie am liebsten weinen. Sie wünschte sich Frieden. Sie wollte Weihnachten feiern.

Plötzlich war es, als hörte Kirstin eine Stimme in sich, nicht laut, aber sie erreichte ihr Herz ganz leicht und klar.

Ich feiere mit dir!

Was war das? Wer sprach mit ihr? Ihr Blick fiel auf das Kind in der Krippe. Aber vor ihrem inneren Auge sah sie ein Bild des erwachsenen Jesus, wie sie ihn sich vorstellte. Sein Blick war voller Liebe und Ermutigung.

„Ich selbst feiere mit dir", schien er zu sagen.

Friede breitete sich in Kirstins Herzen aus. Sie lehnte den Kopf zurück und genoss den Duft der Kerzen.

Die Wohnzimmertür öffnete sich.

„Mama, du siehst ja so ruhig aus, sonst regst du dich doch immer so auf", sagte eines ihrer Kinder.

Ein leises Lächeln huschte über Kirstins Gesicht.

„Ich feiere Weihnachten", sagte sie.

Ist das ein Engel?

„Oh, Mama, guck mal, genau so einen Teddybär hat Lara", sagte Anna sehnsüchtig. „Du, Mama, kann ich so einen Teddy zu Weihnachten haben? Bitte. Ich wünsch mir den so sehr", bat sie.

Ihre Mutter schaute den Bären genauer an. Es war ein besonderer Teddybär. Er hatte viele Funktionen, konnte brummen, sich bewegen, alles Mögliche. Sie schaute auf das Preisschild. *Ist das ein Fehler?,* dachte sie. Nein, der andere daneben kostete genauso viel.

Es tat ihr so weh, dass sie ihrer Tochter viele Wünsche nicht erfüllen konnte.

„Oh, Schatz", sagte sie. „Du weißt doch, wir haben nicht so viel Geld. Und der Teddy ist teuer. Aber du kannst dir etwas anderes wünschen, Anna."

Die Kleine blickte ihre Mutter traurig an. Ein bisschen Resignation lag in ihrer Stimme, als sie fragte: „Du, Mama, warum sind wir arm?"

Cindy schnitt diese Frage ins Herz. Sie hatte sich ihr Leben auch anders vorgestellt. Ihr Mann war krank, für eine gewisse Zeit arbeitsunfähig. Sie mussten irgendwie zurechtkommen. Sie konnte Anna einfach nicht die Dinge kaufen, die viele andere Kinder hatten.

„Komm, Anna, wir müssen weiter“, sagte sie ausweichend.

„Darf ich den Teddy mal streicheln?“

„Na gut, Anna.“

Eine alte Dame hatte das Mädchen mit dem blonden Lockenköpfchen gesehen. *Sie sieht genauso aus wie meine kleine Angelika damals*, musste sie unwillkürlich denken.

Angezogen von dem niedlichen Stimmchen der Kleinen war sie näher getreten und hatte gerade noch die Frage des Kindes gehört: „Du, Mama, warum sind wir arm?“

Sie dachte an damals zurück, an Angelikas flehende Augen und ihre kleine Stimme. „Mama, ich bin die Einzige in meiner Klasse, die keine Puppe hat.“

Sie dachte an ihr Gebet zurück, damals: „Gott, bitte, gib mir irgendwie eine Puppe für Angelika.“

Und dann war die Nachbarin gekommen und hatte gefragt: „Sagen Sie mal, ich hab da noch eine Puppe von meiner Tochter, wollen Sie die nicht haben für Ihre Kleine? Wo doch bald Weihnachten ist?“

All dies ging der alten Dame durch den Kopf, als sie die junge Mutter sah und das kleine Lockenköpfchen. Und plötzlich stand ihr Entschluss fest: Sie würde einen Weihnachtswunsch erfüllen. So wie Gott es damals bei ihr getan hatte.

Die Mutter und das kleine Mädchen gingen weiter.

Die alte Dame nahm schnell den Bären auf den Arm, den das Mädchen gerade gestreichelt hatte. Nun zur Kasse damit, nicht dass sie das Kind noch verpasste.

„Bitte packen sie mir den Teddy schnell ein, in das rosa Papier.“ Kleine Mädchen liebten Rosa, das war schon bei ihrer Angelika so gewesen.

Ihr Herz schlug ein bisschen schneller. Sie stellte sich an den Ausgang des Kaufhauses. Ob die junge Frau ihr Geschenk annehmen würde? Was war ihr da nur durch den Kopf gegangen, einfach einer Fremden etwas schenken zu wollen? Aber – ja, es war, als ob ihr die Idee zugeflogen wäre.

Da kamen die beiden und sie ging auf sie zu. „Entschuldigen Sie“, sagte sie. „Darf ich Ihrer Tochter ein Geschenk machen? Sie sieht meiner Tochter so ähnlich, als sie in dem Alter war.“

Cindy zuckte zusammen: „Ein Geschenk? Wie kommen Sie dazu? Sie, Sie kennen uns doch gar nicht.“

„Oh, vielleicht kenne ich Sie doch ein bisschen“, sagte die alte Dame leise. „Ich weiß, wie es ist, wenn ein Kind sich etwas sehr wünscht und die Mutter in Not ist. Bitte, nehmen Sie mein Geschenk an.“

„Es ist der Teddybär“, flüsterte sie Cindy ins Ohr.

Die Augen der jungen Frau wurden feucht.

Ihre Tochter hatte das Gespräch ein wenig verfolgt und schaute das rosa Geschenk sehnsüchtig an.

Die Dame fragte: „Darf ich?“ Und als die Mutter nickte, drückte sie Anna das Geschenk in die Arme. „Aber erst Weihnachten öffnen, ja?“

Anna schaute sie mit großen Augen an.

„Ist das ein Engel, Mama?“, fragte sie.

„Vielleicht so etwas Ähnliches“, antwortete Cindy, und nach langen Jahren war zum ersten Mal wieder ein Gedanke an Gott in ihrem Herzen.

Die Nachprüfung

Natalia stand am Fenster und sah ihrem Sohn nach. Mit hängenden Schultern lief er zur Bushaltestelle. Konnte er nicht etwas energischer sein? Sich einmal mehr anstrengen?

„Gott“, betete sie leise, „lass es ihn schaffen.“

Wann hatte es eigentlich begonnen, dass er in der Schule so abfiel? In der Grundschule war er doch ganz erfolgreich gewesen. Aufgeweckt, wie der Lehrer gesagt hatte. Aber irgendwann hatte er sich verändert. Die Schule interessierte ihn nun nicht mehr besonders.

„Mama, mach nicht immer so einen Druck“, sagte er immer wieder. Und dann war es passiert: Mathe und Englisch mangelhaft. Heute musste er eine Nachprüfung machen.

Die Mutter seufzte. Angestrengt hatte er sich jetzt, aber nicht genug. Die ganzen Ferien hatte sie hinter ihm stehen müssen und ihn gefragt: „Wie sieht es aus, hast du gelernt?“

Das belastete ihre Beziehung und ging ihr auf die Nerven. Warum tat sie sich das an? Sollte er doch die Konsequenzen spüren. Aber, wenn sie ganz ehrlich war, wollte sie nicht, dass er sitzen blieb. Irgendwie wäre es ihr peinlich, wenn er es nicht schaffen würde. Die Fragen der Verwandten, ja, überhaupt. Sie hatte immer bestimmte Vorstellungen gehabt, wie ihr Sohn sich entwickeln würde.

Ihr Fehler war es nicht, wenn er so wenig Zielbewusstsein hatte. Da war Alina ganz anders. Und sie hatten doch beide gleich erzogen.

Liebst du ihn? Sie spürte plötzlich diese Frage in sich. *Ob ich ihn liebe? Ja, natürlich liebe ich ihn. Er ist doch mein Sohn.*

Liebst du ihn so, wie er ist?

Ja, also ich meine, ich würde mich natürlich freuen, wenn er anders wäre. Das wäre doch auch für ihn selbst besser und ..., führte sie diesen inneren Dialog weiter.

Ich liebe dich auch so, wie du bist. Das war Jesus, der Sohn Gottes, das spürte sie. Und plötzlich kamen ihr die Tränen. Ja, es stimmte. Diese Liebe hatte sie oft genug erfahren.

Plötzlich wurde sie ganz still. Sie horchte in sich hinein, und dann wusste sie auf einmal, was sie tun würde. Ja, das war das Richtige. Sie war sich plötzlich ganz sicher.

Alle Pläne, die sie eigentlich für den Morgen gemacht hatte, wurden nun nach hinten gestellt. Eine freudige Stimmung breitete sich in ihr aus.

Sie wusste genau, was ihr Sohn gerne zu Mittag aß. Und seinen Lieblingskuchen würde sie auch backen. Außerdem wollte sie ein paar Kerzen hinstellen. Sie würde ihm ihre Liebe einmal ganz anders zeigen.

Während sie alles vorbereitete, verspürte sie immer mehr Frieden in ihrem Herzen. Gleichzeitig war sie gespannt, wie Lukas reagieren würde.

Dann kamen die Kinder aus der Schule. Zuerst Lukas.

„Hm, hier riecht es ja so gut. Und Kerzen? Bekommen wir Besuch?“

Natalia schaute ihn an und antwortete: „Das ist ganz allein für dich, Lukas.“

„Hm? Wieso machst du das für mich, Mama?“

„Wegen deiner Nachprüfung“, erklärte Natalia. „Wir feiern.“

„Aber, ich weiß doch noch gar nicht, ob ich's geschafft habe. Ich hoffe, ja, aber es war ganz schön schwer."

„Wir feiern einfach, dass du es hinter dir hast und um dir 'ne Freude zu machen."

Lukas schaute sie an, als ob er sie nicht wiedererkennen würde.

„Cool, Mama, das ist irgendwie cool."

„Was ist denn hier los?", fragte nun auch Alina, die gerade zur Tür hereinkam.

„Gibt's einen Grund zum Feiern? Weißt du etwa schon dein Ergebnis?"

Natalia lächelte. „Müssen wir denn nur Erfolge feiern?", fragte sie.

„Hm, du bist ja heute so anders, Mama", rätselte Alina.

„Wir wollen einfach Lukas eine Freude machen, Alina."

„Das ist ja komisch, Mama. Weißt du was? Das ist doch irgendwie ungerecht. Er hat die ganze Zeit nicht richtig gelernt und bekommt jetzt so ein Fest?"

„Ach", sagte Natalia. „Wie oft habe ich für dich schon ein Fest vorbereitet. Das ist nicht ungerecht, das ist Liebe."

Eine unerwartete Begegnung

Christine schaute auf die Uhr. Oh, so spät schon? Sie musste doch nach Hause und das Mittagessen ... In diesem Moment fiel ihr ein, dass sie alle Zeit der Welt hatte. Sie musste kein Mittagessen kochen. Es war niemand zu Hause, der auf sie wartete. Dass sie immer noch in alten Zeiteinheiten dachte.

Manchmal war es eine Mühle gewesen, die ganze Hausarbeit. Aber es war auch immer schön gewesen, als die Kinder und später die Jugendlichen sie noch gebraucht hatten. Jetzt war das letzte ihrer Kinder ausgezogen. Sie wollte bald wieder anfangen zu arbeiten, denn das ging ja nun.

Es war schön, eigentlich. Sie wollte schließlich, dass ihre Kinder selbstständig wurden. Und alle hatten ihren Platz gefunden. Janina war erst letzte Woche umgezogen. Sie studierte nicht weit von zu Hause entfernt.

„Mama, ich komme euch bald besuchen“, hatte sie gesagt. Christine hatte sie umarmt. „Klar, wir freuen uns immer, wenn ihr kommt“, hatte sie geantwortet. Aber leise gedacht: *Es wird nicht mehr so sein wie früher.*

Christine war ganz in Gedanken versunken, als sie plötzlich von ein paar Jugendlichen angerempelt wurde.

„Oh, Entschuldigung, ich hab euch gar nicht gesehen“, sagte sie.

Die Jugendlichen lachten nur und gingen weiter. Lachten die über sie? Christine schaute sich um. Hier unten war sie nicht gern. In der U-Bahn-Unterführung war manchmal so eine komische Atmosphäre wegen der Teenager, die dort rumhingen. Hatten die eigentlich kein Zuhause?

Ihr Blick fiel auf ein Mädchen. Wie sie aussah. Sie war bestimmt erst 13 oder 14 und dann so herausfordernd angezogen. Christine dachte an ihre eigenen Kinder. Auf dem U-Bahnhof rumhängen, das hatten sie nie gemacht.

Ob sie das Mädchen zu intensiv angeschaut hatte? Plötzlich bemerkte sie den Blick des Teenagers. Einerseits provozierend, aber andererseits schauten ihre Augen auch nur einfach traurig in die Welt.

Und plötzlich sah Christine, wie sich eine Träne aus den Augen des Mädchens löste, die diese ungeduldig wegwischte. Christine hatte plötzlich nur noch den einen Gedanken: Sie wollte trösten. Und bevor sie noch weiter überlegen konnte, ging sie auf das junge Mädchen zu.

„Entschuldigung, ich mache so was sonst nie. Aber ich hab gesehen, dass du weinst. Kann ich, kann ich dir irgendwie helfen?", fragte sie.

„Helfen?" Das Mädchen schaute die Frau erstaunt an. „Sie wollen mir helfen? Sie wissen doch gar nicht, wie so was ist."

Christine nickte. „Das stimmt. Ich weiß nicht, wie so was ist. Vielleicht können wir ein bisschen reden? Würdest du mit mir einen Kakao trinken gehen? Ich lad dich ein."

Das Mädchen zuckte die Achseln. „Wenn Sie unbedingt wollen", sagte sie mürrisch.

Als die beiden dann zusammen im Café saßen, schaute das Mädchen Christine genauer an.

„Warum machen sie so was?", fragte sie. „Also, mich einfach ansprechen und so?"

Christine lächelte verlegen. „Ich weiß auch nicht. Mir kam

einfach so der Gedanke. Übrigens, ich heiße Christine", sagte sie ungeschickt.

„Und ich Alicia", sagte das Mädchen.

Und dann hörte Christine einfach zu. Alicia erzählte. Der Vater weg, die Mutter hatte wechselnde Freunde. Alicia hatte einen Jungen kennengelernt, der sie nur benutzt hatte.

Christine hörte zu. Sie gab keine Ratschläge. Sie wollte einfach nur da sein.

„Ja, so ist das", erklärte Alicia. „Ach, ist nicht so schlimm", schwächte sie gleich darauf ihren Bericht ab. „Ist halt so. Ich komme schon klar."

Christine schaute sie nachdenklich an. Irgendwie hatte sie das Gefühl, dass ihr die Augen ganz neu geöffnet worden waren. Es gab nicht nur die kleine Welt ihrer Familie. Auf einmal wusste sie, was sie zu dem Mädchen geführt hatte. Es war die unsichtbare Hand Gottes gewesen. Der wusste, was ihnen beiden guttun würde.

„Danke, dass du mit mir einen Kakao getrunken hast. Ich finde, du bist ein ganz besonderes Mädchen. Richtig liebenswert."

Alicia schaute sie verdutzt an. „Ich? Das meinen Sie nicht ernst, oder?"

„Aber sicher", sagte Christine mit Nachdruck. „Bist du morgen auch wieder hier?"

„Kann sein", antwortete das Mädchen. „Ich bin morgens meistens hier."

„Ich komme vorbei", sagte Christine. „Wenn du magst."

„Von mir aus", antwortete Alicia.

In ihren Augen lag neben ihrem Schmerz ein ganz kleiner Trost.

Und auch Christines Augen schauten anders als vorher. Irgendwie tiefer.

Etwas hatte sich in beider Leben geändert.

Was ist das für ein Brief?

Karen saß beklommen am Mittagstisch. Ihre Kinder unterhielten sich und lachten. Aber Karen war mit ihren Gedanken ganz weit weg.

Sarah brauchte Geld für die Klassenfahrt. Außerdem wünschte sie sich ein neues Ballettkostüm. Leon war so begabt. Er wollte gern weiter zur Musikschule gehen und Gitarrenstunden nehmen.

Und sie selbst? Natürlich, sie würde schon verzichten. Zuerst kamen die Kinder. Aber es war doch schwer, so aufs Geld schauen zu müssen.

Ihr Mann hatte schon lange davon gesprochen. Von Umstellungen im Betrieb. Es würden Einsparungen vorgenommen – vielleicht Entlassungen.

„Wird es dich betreffen?“, hatte sie ihn gefragt.

„Ich glaube nicht.“ Aber sein sorgenvolles Gesicht sprach Bände. Was würde dann werden? Gerade hatten sie sich etwas aufgerappelt. Ein bisschen sogar auf die Seite gelegt. Und jetzt?

Heute Morgen war dieser Brief gekommen. Ganz offiziell von der Firma. Karen wollte ihn nicht einfach öffnen. Sie wollte auch ihren Mann nicht auf der Arbeit stören, das mochte er nicht. Und wenn es nun die Entlassung wäre? Warum sonst käme so ein offizieller Brief? Aber warum hatte ihr Mann nichts gesagt? Oder wusste er selbst nichts davon?

„Mama? Mama, du hörst ja gar nicht zu. Du, ich bin zum Geburtstag von Jacob eingeladen. Kannst du mir Geld geben? Ich möchte ihm ein ganz bestimmtes Computerspiel kaufen. Ist ein bisschen teurer als sonst, aber er wünscht es sich so."

„Oh, Mama, können Leon und ich zusammen in die Stadt fahren? Ich will mir so gerne was zum Geburtstag aussuchen!", meinte Sarah voller Vorfreude.

Karen schaute ihre Kinder an. Würde es noch möglich sein, solche Wünsche zu erfüllen?

Sie überlegte. *Oh, Gott, ich mache mir solche Sorgen,* seufzte sie innerlich.

„Hallo, na, seid ihr schon beim Essen?" Ihr Mann kam fröhlich herein.

Ob er denn nichts von dem Brief ahnte? Oh, er hatte ihn schon in der Hand. Sie schaute ihn an.

„Der Brief ist von deiner Firma, nicht wahr?", fragte sie ihn.

„Ja, das wollte ich dir beim Essen erzählen. Ich wollte warten, bis es ganz sicher ist. Es war eine sehr kurzfristige und unerwartete Sache. Gute Nachrichten. Es gibt eine ... Hörst du mir überhaupt zu?", versuchte er seiner Frau zu antworten.

Karens Augen füllten sich mit Tränen. Gute Nachrichten? Warum hatte sie gleich mit dem Schlimmsten gerechnet?

Oh, Gott, so ein dünner Brief und ich mache gleich ein riesiges Sorgenpaket daraus, ging es ihr durch den Kopf. Und in Gedanken fuhr sie fort: *Ja, diesmal ist es noch gut gegangen, aber was ist, wenn ...*

Plötzlich fiel ihr ein, was der Postbote – und sie hatten einen sehr freundlichen Postboten –, immer sagte: „Das Paket ist zu schwer für Sie, ich trage es Ihnen eben die Treppe hoch."

Gott, betete sie aus tiefstem Herzen, *ich lade mir oft die Sor-*

genpakete auf, die du eigentlich für mich tragen möchtest. Danke, dass du auch dieses hier tragen willst.

„Mama, hörst du eigentlich zu?“, drang eine leicht amüsierte Stimme zu ihr durch.

Sie wandte sich ihrer Familie wieder zu und antwortete: „Ob ich zuhöre? Na ja ...“

Die Kinder lachten. „Mama, wo warst du denn wieder mit deinen Gedanken?“

„Gar nicht so weit weg“, erklärte Karen und lächelte.

Stimmt doch, dachte sie. *Gott ist mir so nah. Gar nicht weit weg.*

Zwei Kinderbetten

Angstvoll hatte Mareike am Bettchen ihres Kindes gesessen. Es war unheimlich gewesen. Das halbdunkle Krankenhauszimmer, die Stille der Nacht, immer wieder unterbrochen von den Pieptönen der Apparate.

Dann war die erlösende Nachricht gekommen: „Es ist nichts Schlimmes. Ihre Kleine ist auf dem Weg der Besserung."

Vor Erleichterung kamen ihr die Tränen. Jetzt wollte Mareike nur noch zur Ruhe kommen. Einfach in Leonis Gesicht schauen in der Gewissheit: Es wird besser.

Noch ein Kind lag im Zimmer. Ein kleiner Junge. Er gehörte zu einer albanischen Familie.

Hoffentlich kommen die morgen nicht mit der ganzen Sippe. Sonst wird es hier unruhig. Leoni und ich brauchen Ruhe. Und der Kleine wohl auch, dachte Mareike bei sich.

Der Junge lag ganz apathisch in seinem Bettchen. Seine Mutter hielt seine kleine Hand in ihrer Hand. Und plötzlich hörte Leonis Mutter unterdrücktes Schluchzen. Das Schluchzen einer Mutter, die um ihren kleinen Sohn bangte.

Ich kann ihr nicht helfen, dachte Mareike. *Ich kenne ihre Sprache nicht. Und sie versteht kein Deutsch.* Deshalb war ja wohl am Nachmittag auch die albanische Frau mitgekommen, die den Arzt übersetzen konnte.

Wieder hörte sie ein Schluchzen.

Ich bin nicht für sie verantwortlich. Ich habe selbst genug hinter mir, ging es Mareike weiter durch den Kopf.

Das Schluchzen der anderen Mutter ging über in ein leises Wimmern. Das war wirkliche Angst.

Plötzlich wusste Mareike, was sie tun konnte. Leoni ging es besser. Sie verließ ihren Platz am Bett ihrer kleinen Tochter und ging zum Bettchen des albanischen Jungen. Sie legte ihre Hand auf die Schulter der Mutter und redete einfach irgendetwas. Dass alles gut werden würde, dass sie ihr gern helfen würde. Dass sie verstände, dass es schwer für sie sei, das kranke Kind, die fremde Sprache.

Das Schluchzen der albanischen Frau ließ nach. Es war, als ob sie verstände. Vielleicht verstand sie auch mit dem Herzen, was Mareike sagte. Es schien die Sprache der Liebe zu sein, die plötzlich die unsichtbare Mauer zwischen ihnen durchbrach.

Die dunkelhaarige Frau lehnte ihren Kopf an den Arm, der um ihre Schulter lag. Und plötzlich hatte Mareike das Gefühl, als sei da noch jemand im Raum. Jemand mit offenen Armen für sie beide. Sie fühlte fast, wie sich liebende Arme um die beiden Mütter legten.

„Jesus? Bist du es?", fragte sie leise. *Ja, er wird es sein. Er kann es nur sein*, sagte ihr ihr Gefühl.

Sie wünschte sich, dass seine Liebe diese Frau erreichte. War das nur ihr Eindruck oder wurde es gerade im Raum plötzlich heller?

Der Engel auf dem Ehrenplatz

Annika schaute sich im Wohnzimmer um. Es gefiel ihr. Alles war geschmackvoll dekoriert, kein Stäubchen zu sehen. Etwas weihnachtlich hatte sie schon geschmückt, es war ja schließlich der zweite Advent.

Ihr Blick fiel auf die Vitrine. Ja, die war ihr ganzer Stolz. Vielleicht ein bisschen altmodisch, so eine Engelsammlung – und dann noch hinter Glas. Aber es war so ein besonderer Wunsch von ihr gewesen, schon lange.

Die Engel waren nicht billig und man konnte sie nur in bestimmten Fachgeschäften kaufen. Ihre Freunde und auch ihr Mann schenkten ihr von Zeit zu Zeit immer wieder einen dazu.

Es war eine ganz besondere Sammlung. Wahrscheinlich würde sie ihren Besuchern auffallen. Auch heute, wenn die Verwandten kamen. Die Familie ihres Mannes liebte Atmosphäre und sie hatte auch noch ein besonderes Faible für edle Dinge. Kitsch lehnten sie ab. Bei ihr zu Hause war das anders gewesen. Kunterbunt hatten ganz verschiedene schöne Dinge in einem Raum gestanden. Ihr hatte es nie etwas ausgemacht. Aber jetzt war das anders. Jetzt hatte sie es auch gerne stilvoll.

Ja, es würde ihren Verwandten gefallen. Und weil sie nicht

so oft zu Besuch kamen, hatte sie sich auch besonders bemüht. Diese Einladung sollte etwas Besonderes sein.

„Mami?"

„Ja, Marie?"

„Mami, ich hab was ganz Tolles für dich. Eigentlich wollte ich es dir erst zu Weihnachten schenken, aber jetzt gebe ich es dir schon heute. Weil – dann kannst du es schon ins Wohnzimmer stellen. Du wirst dich freuen, Mama, so was Schönes hast du nämlich noch nicht. Und ich habe es von meinem eigenen Geld gekauft, gestern, mit Papa."

„Na, da bin ich aber gespannt", sagte Annika. Sie war ein wenig abgelenkt, es gab schließlich noch einiges vorzubereiten.

„Augen zu und Hände auf!", rief Marie fröhlich. Dann wurde ein ungelenk verpacktes Geschenk in Annikas Hände gelegt.

Sie öffnete es unter den erwartungsvollen Augen ihrer Tochter. Vor ihr lag – ein Engel. Aber, so einen Engel hatte sie noch nie gesehen. Er war sehr groß, fast so groß wie eine kleine Puppe. Das Kleid des Engels war aus rosa Tüll, die Haare aus billiger goldener Wolle und er hatte einen Gesichtsausdruck, der einfach nur schrecklich war. Ja, der ganze Engel sah kitschig aus.

Marie strahlte. „Der ist für dich, Mama! Den hab ich dir gekauft. Für deine Vitrine. Du hast doch gesagt, dir fehlt noch ein Engel."

Annikas Mund verzog sich zu einem Lächeln. Aber es war ein etwas schiefes. „Oh, Marie", sagte sie erstaunt. „So einen Engel habe ich ja noch nie gesehen." Das stimmte wenigstens. „Den stelle ich auf mein Schränkchen im Schlafzimmer."

„Nein, Mama, der ist doch nicht fürs Schlafzimmer. Der ist für die Vitrine. Bestimmt werden Oma und Tante Silvi staunen, was du für einen schönen neuen Engel hast."

Ja, das stimmte. Sie würden staunen. Vielleicht würden sie sich vielsagend anschauen. *Kitsch und Co*, würden sie denken. Nein, sie wollte jetzt einmal alles einheitlich haben. Der Engel passte einfach nicht in ihre Sammlung. Das musste Marie akzeptieren. Sie würde es ihr erklären. Klar, das Kind wäre vielleicht etwas enttäuscht, aber ...

Sie schaute in die erwartungsvollen Augen Maries und plötzlich hörte sie jemanden ganz leise zu ihrem Herzen sagen: *Du lehnst Liebe ab.*

Quatsch, ich liebe Marie. Nur, ich kann doch nicht alles schön finden, was sie mir bringt. Wie sähe es denn dann bei uns aus?

Doch plötzlich wusste Annika es genau. Wenn sie Maries Geschenk ablehnte, dann würde es einen ganz kleinen Sprung im Herzen ihrer Tochter geben, fast gar nicht spürbar, aber doch da.

Sie schaute den Engel noch einmal an und fasste einen Entschluss. „Ja, Marie, der Engel bekommt einen Ehrenplatz in meiner Vitrine. Danke, mein Schatz, es ist ein ganz besonderes Geschenk."

Marie ließ sich kurz umarmen, dann sprang sie mit einem glücklichen Gesichtsausdruck davon.

Annika schaute den Engel an. Plötzlich kam er ihr gar nicht mehr billig vor. Er gewann vor ihren Augen an Schönheit. Denn jetzt sah sie ihn durch die Augen ihres Kindes als kostbar an. Ein Geschenk der Liebe.

„Danke, Gott, dass du mir rechtzeitig die Augen geöffnet hast", sagte sie leise. „Es ist ein besonderer Engel, das findest du auch, nicht wahr?"

Bist du eine Oma?

Elisabeth hatte schwer zu tragen. Zwei Einkaufstaschen, das war etwas zu viel. Aber man brauchte ja einige Lebensmittel, so vor dem Wochenende.

Sie hatte immer gedacht, später, wenn sie alt sein würde, wären ihre Kinder in der Nähe. Nicht, dass sie sie dauernd bemüht hätte, etwas für sie zu tun. Nein, im Gegenteil. Sie hätte noch das, was sie tun konnte, eingesetzt, um ihren Kindern das Leben leichter zu machen. Sie hätte sie unterstützen können, mal für sie kochen oder backen. Sie hätte auch einfach nur zuhören können, vielleicht mal einen Rat geben, aber sich sonst zurückgehalten, das wäre ihre Art gewesen.

Elisabeth vermisste es, mit vertrauten Menschen zusammen zu sein. Sie vermisste auch ihren Mann immer noch, nach so vielen Jahren. Manchmal war ihr Herz ein wenig schwer, gerade wenn ein langes Wochenende vor ihr lag.

Natürlich, sie hatte den Kindern zugeredet: „Nehmt auf mich keine Rücksicht, zieht dahin, wo es für euch gut ist."

Sie wollte nicht klammern. Brigitte war erst vor zwei Jahren mit ihrer Familie weggezogen. Ihr Mann hatte in dem neuen Ort so gute Aufstiegschancen. Seitdem sah Elisabeth auch die Enkelkinder nicht mehr sehr oft. Ach was, Kinder, es waren inzwischen Teenager.

Manchmal fühlte Elisabeth sich einfach nicht mehr so gebraucht. Früher war es auch im Haus anders gewesen. Man hatte sich gekannt. Jetzt waren einige neue Parteien dazugezogen. Die Frauen arbeiteten und man sah sich kaum.

Elisabeth öffnete die Haustür und stellte ihre Taschen in den Eingang. Was war das für ein Geräusch? Sie sah niemanden, aber es hörte sich an wie ... ja, wie das Weinen eines Kindes.

„Hallo?“, rief sie in den halbdunklen Flur hinein.

Das Weinen wich einem unterdrückten Schluchzen. Sie ging dem Geräusch nach. Da, gerade vor der Wohnung im Erdgeschoss hockte ein Kind auf der Treppe. Das Gesicht war vom Weinen verzerrt.

Elisabeth beugte sich zu dem Mädchen hinunter und fragte: „Kind, was hast du denn?“

Das Mädchen wich zurück. Ein erschreckter Ausdruck lag auf seinem Gesicht.

„Bestimmt hat deine Mama dir gesagt, dass du dich vor fremden Leuten in Acht nehmen sollst, stimmt das?“

Das Mädchen nickte.

„Weißt du was, ich wohne hier im Haus. Du doch auch, oder? Ich hab dich schon im Hof gesehen. Du kannst gut Seilchen hüpfen, nicht wahr?“

Das Gesicht des Mädchens war immer noch nass vom Weinen. Aber sie schaute die Frau jetzt auch ein wenig gespannt an.

„Also, ich heiße Elisabeth“, plauderte diese. „Und du? Verrätst du mir deinen Namen?“

Das Mädchen flüsterte: „Larissa.“

„Larissa, ein schöner Name. Und wo ist deine Mama?“

Das Mädchen erzählte: „Ich, ich wollte zu Mama, sie hat gesagt, sie ist da, wenn ich komme, und jetzt ist sie nicht da.“ Wieder begann Larissa zu weinen.

Elisabeth rührten die Tränen des Kindes. Sie würde ihr gern helfen, aber wie? In ihre Wohnung konnte sie sie nicht mitnehmen. Das durfte man heute nicht mehr. War ja auch richtig, nach allem, was passierte. Plötzlich kam ihr eine Idee.

„Warte mal, Larissa, deine Mama kommt sicher bald. Und so lange spielen wir etwas, ja?"

Das Mädchen schaute sie erstaunt an.

„Hm, aber wir können nicht auf der kalten Treppe sitzen. Ach, ich hab's. Warte hier."

Elisabeth nahm ihre Einkaufstaschen. Irgendwie war ihr Gang plötzlich elastischer, sie hatte es eilig. Dem Kind musste doch geholfen werden. In ihrer Wohnung packte sie die Einkäufe auf den Tisch und brachte das Allernötigste im Kühlschrank unter. Dann trat sie auf den Balkon. Genau, die beiden Klappstühle und der kleine Tisch, das würde gehen. Sie stellte die Plastikmöbel auf den Flur.

„Larissa!", rief sie. „Hilfst du mir eben? Komm, wir tragen die Stühle die Treppe runter, und bauen uns auf dem Flur einen Spieltisch auf. Dann sehen wir deine Mama, wenn sie kommt, und haben beim Warten Spaß. Du, kennst du das Hütchenspiel? Das habe ich früher immer mit meinen Kindern gespielt. Und auch meine Enkelkinder mochten es."

Sie holte das Spiel und ein paar Gummibärchen. Langsam begann das Mädchen aufzutauen. Sie begriff das Spiel mit den bunten Hütchen sehr schnell. Und sie war so abgelenkt, dass sie das Weinen ganz vergaß. Einmal lachte sie sogar hell auf.

Elisabeth lachte mit. Ihr Herz war plötzlich so leicht. Wie gut, dass sie nicht erst später gekommen war, das Kind hätte ja immer mehr Angst bekommen. Und jetzt war Larissa ganz vergnügt.

Plötzlich hörten beide, wie ein Schlüssel im Schloss der Haustür herumgedreht wurde. Larissa schaute die Frau an, die so schön mit ihr spielte.

„Wenn das Mama ist, spielst du dann trotzdem noch mit mir?“, fragte sie bittend.

„Wenn deine Mama es erlaubt.“

Eine müde, abgehetzte Frau kam die Treppe hoch. „Larissa, hast du schon gewartet? Ich musste leider länger arbeiten.“

Elisabeth stand auf und stellte sich vor. „Ich dachte, ich spiele ein bisschen mit Ihrer Tochter. Ich wohne dort oben“, erklärte sie.

„Oh, danke“, sagte die Mutter. „Es ist manchmal alles so schwierig. Wir beide, Larissa und ich, sind alleine. Ich weiß manchmal einfach nicht, wohin mit ihr.“

„So, jetzt komm, Larissa, sag Danke zu der Frau. Wir wollen jetzt abendessen.“

Larissa schaute Elisabeth bittend an.

Die nickte ihr zu und fragte: „Wäre es Ihnen recht, wenn wir die Runde noch zu Ende spielen?“ Und plötzlich kam ihr eine Idee. Ja, das war das Richtige. „Wie wäre es, wenn sie beide zu mir zum Abendessen kommen würden? Ich würde mich sehr freuen. Dann können Sie sich jetzt erst ausruhen.“

Die Mutter schaute sie dankbar an. Sie schüttelte den Kopf, aber das war keine Ablehnung. „Ja, wenn Ihnen das nichts ausmacht“, antwortete sie erstaunt. „Wissen Sie, ich habe keine Verwandten hier. Meine Mutter wohnt mit ihrem Lebensgefährten weiter weg. Und Larissa versteht sich nicht mit ihm.“

Elisabeth schaute die Mutter an. Sie sah die gleiche Traurigkeit in ihrem Gesicht wie eben bei Larissa. Klar, wenn sie hier keinen Menschen hatten, der ihnen nahestand, der mal nach dem Kind guckte oder die Mutter entlastete.

Aber jetzt hatten sie ja sie, Elisabeth. In ihrem Herzen formte sich ein Gebet: *Gott, könnte ich der Frau ein kleiner Ersatz für ihre Mutter sein und dem Kind so eine Art Ersatzoma?*

„Dann bis gleich“, sagte die Mutter müde. Ihre Stimme klang jetzt ein wenig hoffnungsvoller.

Als sich die Wohnungstür hinter ihrer Mutter geschlossen hatte, fragte Larissa Elisabeth: „Bist du eine Oma?“

„Ja“, antwortete sie.

Die Kleine sah sie vertrauensvoll an. „Ich hab eine Idee“, flüsterte sie. „Wir können ja spielen, du wärst meine Geheimoma? Wie findest du das?“

Elisabeth strich dem Mädchen über die dunklen Haare. „Wie ich das finde? Das finde ich gut. Sehr gut sogar.“ Sie lächelte das Kind an und die Freude des Kindes spiegelte sich in ihren Augen wider.

Am Bett des Kindes

Katharina saß am Bett ihres Kindes. Die milde Abendluft tat gut nach der Hitze des Tages. Ganz ruhig saß sie da und schaute in das schlafende Gesicht ihres Sohnes. Stundenlang konnte sie so sitzen und Cedric betrachten.

Sie hatte sich so sehr ein Kind gewünscht, dann würde ihre Familie komplett sein. Sie hatten eine schöne Wohnung, ihre Ehe war gut – sie würden also eine Bilderbuchfamilie sein.

So, genau so hatte sie es sich immer vorgestellt. Sie hatte einfach nur glücklich sein wollen und im Grunde hatte sie jetzt keine Wünsche mehr offen. Ihr ging es gut.

Und doch, Katharina empfand es in der letzten Zeit immer wieder: Irgendetwas fehlte ihr.

Die ersten Monate mit dem Baby waren nun vorbei. Es war schön gewesen, aber vieles auch super anstrengend und aufregend. Sie hatte sich nicht vorgestellt, dass sie mit so wenig Schlaf auskommen musste und dass Cedric manchmal auch ganz schön nerven konnte.

Aber im Großen und Ganzen war sie doch glücklich, oder? Was war es nur, was ganz tief in ihr leer war, so als ob sie Hunger empfand? Aber nicht einen Hunger, den man einfach mit einer Mahlzeit stillen konnte.

Manchmal, in ruhigen Stunden, kam auch eine unbestimmte Angst über sie. Angst um Cedric. Nein, keiner würde ihm Böses tun dürfen. Sie würde da sein und natürlich sein Vater. Sie würden ihm ein gutes Leben ermöglichen. Die besten Umstände und Chancen sollte er haben. Und so viel Liebe, wie er brauchte.

Nur, ganz tief in ihrem Inneren wusste sie, dass sie ihr Leben nicht in der Hand hatte. Gegen manche Dinge war man machtlos, die passierten. Und genau das machte ihr Angst.

Als sie jetzt am Bettchen ihres Sohnes saß, da fühlte sie es wieder – ganz tief in ihr diese Leere, wie ein Suchen nach etwas, das ihr fehlte. Was war das nur?

Plötzlich, wie aus weiter Ferne, hatte sie einen Gedanken, der sie aufmerken ließ. Sie musste an ihre Großmutter denken. Wie hätte die sich über Cedric gefreut. Aber jetzt musste sie vor allem an eines denken. Wie ihre Oma im Sessel gesessen und zu dem kleinen Mädchen neben sich gesagt hatte: „Katharina, Jesus will immer bei dir sein."

Sie hatte damals genickt und die Vorstellung schön gefunden. Später war die Begegnung in Vergessenheit geraten. Nur an ihre liebevolle Großmutter dachte sie immer gerne.

Aber jetzt konnte sie sich an diese Worte wieder ganz deutlich erinnern: „Katharina, Jesus will immer bei dir sein." Und plötzlich spürte sie eine Wahrheit darin, die sie innerlich anrührte. Ob wirklich etwas daran war? Klar, sie glaubte irgendwie an Gott. Aber er kam ihr sehr weit weg vor. Als ob er so ganz direkt nichts mit ihr zu tun hätte.

Katharina lehnte ihren Kopf zurück und schloss die Augen. Sie verspürte eine Sehnsucht in sich: Ist das wahr? Ist er da?

Und fast im gleichen Moment kam eine ganz tiefe Ruhe über sie, ein Bewusstsein: Ja, er ist da.

„Jesus", betete sie so vor sich hin. „Ich weiß nur über dich, was mir meine Oma erzählt hat, als ich ein Kind war. Aber ich habe plötzlich das Gefühl, dass du da bist."

Anschließend sprudelte es nur so aus ihr heraus. Sie erzählte einfach, was sie so erlebte. Von diesem Gefühl der Ohnmacht wegen ihrem Kind. Dass sie Cedric nicht immer beschützen konnte. Und von dieser Leere ganz tief in ihrem Inneren.

Und auf einmal kamen ihr Situationen ihres Lebens in den Sinn, die nicht so gut gewesen waren, wo sie falsch gehandelt hatte. Wie würde Gott darauf reagieren?

Katharina stand auf. Irgendwo musste doch noch die Bibel sein, die ihre Großmutter ihr mal geschenkt hatte. Damals hatte sie sie ein wenig achtlos in den Schrank gepackt. Ob sie noch da war? Ach, ganz unten, unter dem Stapel Briefe.

Auch das kleine Kreuz lag dabei, das Oma ihr gegeben hatte, als sie schon etwas älter gewesen war. Das gab es doch nicht, an dem Kreuz war noch die Karte befestigt, die ihre Großmutter geschrieben hatte: „Liebe Katharina, am Kreuz ist Vergebung. In Liebe, deine Oma."

Das war kein Zufall. Das war ein Zeichen.

„Jesus", betete sie unsicher. „Vergebung, die brauche ich." Und dann sprach sie einfach ein paar Sachen aus. Manches lag schon weit zurück. Aber jetzt merkte sie es: Es hatte schon immer ihr Gewissen belastet.

Als sie ihr Gebet beendet hatte, spürte sie so etwas wie Befreiung. Sie hatte das Gefühl, dass ihre Bitte um Vergebung nicht ungehört geblieben war. Katharina schaute auf ihr Kind und fügte noch einen letzten Satz hinzu: „Und sei bei uns und vor allem bei unserem Jungen."

Was war es nur, das auf einmal ihr Inneres erfüllte? Eine Hoffnung. Nun fühlte sie sich innerlich nicht mehr so leer. Es war, als sei sie in dem Raum mit ihrem Kind nicht allein.

Cedric wurde ein wenig unruhig. Katharina nahm sein kleines Babyhändchen und es war ihr, als ob ihre beiden Hände nun von einer größeren Hand umgeben seien.

Das Spiegelbild

Es war immer so drollig, wenn ihre Tochter mit den Puppen spielte. Niedlich sah sie dann aus, wenn sie sich so mütterlich um ihre Puppenkinder kümmerte. Eva stand im Flur und hörte ein bisschen zu.

Doch heute schaute Merle streng. Sie sah ihre Puppe an und begann zu schimpfen: „Nina, jetzt beeil dich doch! Ach, dass du immer so rumtrödelst."

Sie setzte die Puppe auf den Boden. Dann warf sie ihr ein paar Puppenkleider hin und fuhr fort: „Mensch, Nina, jetzt zieh dich endlich an! Es wird nicht mehr gespielt. Ach, du kannst aber auch nerven. Jetzt mach doch voran. Wenn ich gleich wiederkomme, dann will ich sehen, dass du angezogen bist, hast du gehört?"

Was war denn heute mit Merle los? Sonst sprach sie immer so liebevoll mit den Puppen. Komisch, dieser Ton.

Jetzt wandte sie sich dem Puppenjungen zu: „Ach, wie siehst du denn wieder aus, Lasse? Das gibt es doch nicht. Gestern hast du die Hose frisch angezogen und jetzt ist sie schon wieder schmutzig. Ich kann ruhig waschen, waschen und waschen. Das ist euch ja egal."

Der Mutter wurde ein wenig mulmig zumute. Das mit dem Waschen, das sagte sie auch öfter mal. Aber es stimmte doch, sie hatte so viel Wäsche. Drei Kinder machten wirklich viel Arbeit.

„Oh, Kinder, ihr nervt mich! Geht mal alle raus! Ich will euch jetzt nicht sehen! Ich muss telefonieren und da brauche ich meine Ruhe." Merles Stimme wurde lauter. „Jetzt seid doch mal ruhig! Das ist ja nicht auszuhalten." Dann hielt Merle ihr Spielzeughandy ans Ohr und tat so, als würde sie ihre Freundin anrufen. „Oh, ich kann nicht mehr", seufzte sie. „Manchmal geht mir das hier nur auf die Nerven. Drei Kinder, die können dich echt fertigmachen. Ach, ich hab Kopfschmerzen."

Die Mutter wandte sich ab. Hatte Merle etwa gestern das Telefongespräch belauscht? Na ja, es war nicht ihr Tag gewesen. Wenn sie Kopfschmerzen hatte, dann sah sie halt vieles ein bisschen zu schwarz. Was hatte sie noch alles gesagt? Oh, dass sie manchmal am liebsten abhauen würde. Dann könnte ihr Mann ja mal sehen, wie viel Arbeit das sei, mit drei Kindern. Aber das war doch nicht ernst gemeint gewesen. Ob Merle sich diese Worte zu Herzen genommen hatte?

Eva stand im Flur und wusste nicht, wie sie reagieren sollte. Es tat ihr leid, ja, wirklich. Ob sie zu Merle gehen und mit ihr reden sollte? Würde das Kind verstehen, was sie meinte?

Evas Blick fiel auf ihr Spiegelbild. Ihr Gesichtsausdruck war wirklich nicht besonders ermutigend. Sie hatte Schuldgefühle. Sie wollte eine gute Mutter sein, nicht eine, die dauernd nur rumnörgelte. Aber ihr Alltag war oft auch einfach nur nervend.

„Oh, Gott", sagte sie leise, „ich will ausgeglichener sein, ich will auch geduldig sein, aber es klappt nicht." Gedankenverloren sah sie wieder in den Spiegel. Und vor ihren inneren Augen sah sie sich plötzlich nicht allein. Da stand jemand neben ihr. Warum stützte er sie? Und plötzlich wusste sie es. Sie war nicht allein. Es gab Hilfe. „Jesus, bitte vergib. Und hilf mir, es gutzumachen."

Sie lief ein bisschen hin und her. Dabei konnte sie am besten nachdenken. Plötzlich fiel ihr Blick auf eine Einkaufstüte, die sie noch nicht ausgepackt hatte. Darin befand sich auch ein Geburtstagsgeschenk für Merle.

Merle liebte bunte, glitzernde Perlen. Sie würde eine Kinderkette zum Geburtstag bekommen.

Auf einmal wusste Eva, was sie tun konnte. Es sollte eigentlich ein Geburtstagsgeschenk sein, aber das hier war jetzt wichtiger. Sie nahm die Kette und versteckte sie in ihrer Hand. Dann stellte sie sich in den Türrahmen des Kinderzimmers.

Merle hielt jetzt ihre beiden Puppen im Arm.

„Guck mal, Mama“, plauderte sie. „Nina hat sich alleine angezogen.“

„Merle“, sagte Eva, „ich hab eine Überraschung für dich.“

Die Kleine schaute sie mit großen Augen an. „Eine Überraschung?“, fragte sie gespannt.

„Ja, setz dich mal auf dein Kinderstühlchen und mach die Augen zu.“

Merle legte ihre Puppenkinder auf das Bett und setzte sich gehorsam hin. Die Mutter legte die Kette in Merles kleine Hände.

„Augen auf“, sagte sie fröhlich.

Merles Augen wurden kugelrund.

„Mama, du hast mir eine Kette gekauft. Oh, ist die schön. So eine schöne Kette hatte ich ja noch nie.“

Merle schaute bewundernd auf die Perlen.

„Ja“, sagte die Mutter. „Und weißt du was? Die Kette will dir was sagen.“

Merle lachte verschmitzt. „Mama, Ketten können doch nicht sprechen.“

„Das stimmt, aber mit der Kette will ich dir sagen: Merle steht für Perle. Das bedeutet: Meine Merle ist so wie die wunder-wunder-wunderschönste Perle, so wertvoll.“

Merle schaute die Mutter an. Ihre Unterlippe zog sich ein wenig hoch und ein rührendes Lächeln zog über ihr Gesicht.

Dann schmiegte sie sich an ihre Mutter. „Danke, Mami", sagte sie.

„Gerne, Merle, und jetzt spiel schön weiter."

Eva verließ das Zimmer. Im Flur konnte sie noch Merles Stimme hören, die sagte: „Guck mal, Nina, ich habe so schöne Perlen bekommen. Merle wie Perle. Oh, ich weiß was: Nina, ich leihe dir mal meine Perlenkette. Die ist sehr wertvoll. So wie ich. Weißt du, ich heiße ja Merle. Merle wie Perle."

Ein besonderer Tag

Die Haustür fiel krachend ins Schloss. Peggy seufzte und nahm einen Schluck Kaffee. Ach, bis morgens immer alle aus dem Haus waren. Sie liebte eigentlich einen ruhigen Tagesanfang. Aber daran war nicht zu denken.

Die Kinder lagen immer bis zum letzten Moment in ihren Betten und dann musste alles schnell gehen.

„Wo ist mein Sportzeug?“

„Mama, ich wollte heute die neue Bluse anziehen, hast du die nicht gewaschen? Ach, Mensch. Sie ist doch schon ein paar Tage in der Wäsche.“

„Tschüss, Schatz.“ Ein flüchtiger Kuss. „Bis heute Mittag.“

Freitags hatte ihr Mann schon am Mittag frei. Auch die Kinder mussten nachmittags nicht mehr weg. In Peggys Kopf reihte sich das Tagesprogramm aneinander. Freitags machte sie meist das Bad sauber. Die bunte Wäsche war dran. Und was würde sie heute kochen?

Sie nahm noch einen Schluck Kaffee und schaute aus dem Fenster. Die ersten Sonnenstrahlen kamen hinter den Wolken hervor. Ja, sie hatten gesagt, das Wetter würde heute endlich wieder mal schön – nach all den Regentagen.

Peggy räumte mechanisch den Tisch ab und das Geschirr in die Spülmaschine. Dann ging sie ins Bad.

Wie sah es hier wieder aus? Wie oft hatte sie schon gesagt: „Bitte räumt eure schmutzige Wäsche in den Wäschekorb." Aber hier lag ein Schlafanzug, da Unterwäsche, einfach auf dem Fußboden. Ausgezogen und liegen gelassen. Ihr Mann hatte sich das angewöhnt und die Kinder auch.

Sie hatte es so oft angesprochen.

„Ja, ja, Mama", hatten die Kinder darauf immer geantwortet, und manchmal war es dann für einen Tag besser geworden.

Peggy wollte sich gerade bücken, um aufzuräumen, da hielt sie plötzlich inne. Sie würde diese Wäsche nicht wegräumen. Die Kinder waren alt genug, fast schon Teenager, ihren Mann hatte sie auch oft genug gebeten, seine Wäsche in den Korb zu bringen.

Sie würde die Sachen liegen lassen und einfach nur drum herum sauber machen.

Peggy betrat eines der Kinderzimmer. Dort herrschte wie immer ein riesiges Durcheinander. Wie war es denn im Wohnzimmer? Hier hatte ihr Mann gestern Abend noch spät Fußball geguckt. Die leere Chipstüte lag da, Krümel auf dem Tisch.

Wenn sie das alles aufräumen wollte ... Nein, sie würde heute nur das Nötigste tun. Ein einfaches Mittagessen. Und ... verheißungsvoll fielen ein paar Sonnenstrahlen auf ihr Gesicht. Sie würde ... und plötzlich wusste sie, was sie tun würde.

Einen Tag freinehmen. Das hatte sie noch nie gemacht, einfach so. Wenn, dann war es lange geplant und alles vorbereitet gewesen. Aber heute würde sie es tun. Die Wäsche liegen lassen, einen Tag ganz für sich alleine haben. Ihr Mann wäre mittags da, wenn die Kinder kämen. Sie könnten sich etwas zu essen machen, notfalls blieb die Küche eben kalt.

Peggy würde frei haben. Diesen einen Tag. Sie hatte plötzlich das Gefühl, als ob von diesem Tag die nächsten Wochen und Monate abhingen.

Sie brauchte es, mal rauszukommen. Schnell schrieb sie einen Zettel:

Hallo, ihr Lieben,
ich bin heute mal weg. Ich brauche einen Tag ganz für mich allein.

Und dann ließ sie alles stehen und liegen, nahm eine leichte Jacke und ihre Handtasche und lief in den Sommertag hinaus.

Es war ein komisches Gefühl, so frei zu haben. Ganz unerwartet.

Einen ganzen Tag. Peggy wandte ihr Gesicht der Sonne zu. Sie würde zuerst einen richtig schönen Spaziergang machen, sich auslaufen und ihre Gedanken ordnen. Dann – ach, mal sehen, vielleicht ein bisschen in die Stadt, etwas essen, in ein Café, worauf sie Lust hatte. Sie brauchte nicht zu planen heute.

Sie wandte ihre Schritte dem Park zu. Ja, zum See würde sie gehen. Da war sie früher oft mit den Kindern gewesen.

„Gott", flüsterte sie. „Ich bin einfach mal rausgegangen. Weißt du, ich liebe meine Kinder und meinen Mann. Aber heute, die Wäsche, immer wieder auf dem Fußboden. Und auch sonst. Mache ich etwas falsch? Warum gehen sie nicht auch mal auf meine Wünsche ein?"

Langsam wurde sie ruhiger. Ihre Gedanken ordneten sich. Ja, es stimmte. Sie hatte immer wieder nachgegeben. Sie hatte zwar ihre Vorstellungen bezüglich der Kinder mit ihrem Mann besprochen. Sie hatte sogar einmal so etwas wie eine Familienkonferenz eingeführt. Ja, es hatte viele gute Vorsätze gegeben, aber die Durchführung klappte nicht.

Sie bekam immer wieder Ausflüchte zu hören, wie: „Mama, ich muss schnell weg."

„Mama, ich hab heute so viel zu lernen, ich kann die Küche nicht machen."

„Ach, das hab ich ganz vergessen."

Und auch ihr Mann hatte sich Sätze angewöhnt wie: „Peggy, kannst du mal eben? Ich muss weg. Ich mach das nachher."

Sie hatte immer so viel Verständnis gehabt und oft geantwortet: „Alles klar, ja, lauf schnell." Aber danach hatte sie geseufzt. Schon wieder. Immer diese Ausreden.

Peggy stand am See und fasste einen Entschluss. Sie würde es von nun an anders machen. Nicht immer nachgeben. Und die Wäsche würde auf dem Fußboden liegen bleiben.

In ihrer Vorstellung sah sie schon einen Riesenberg Wäsche im Badezimmer liegen. Und wenn Besuch kommen würde, würde der sicher fragen: „Kann ich mal euer Bad benutzen?" Wie peinlich.

Aber dann lächelte sie über sich selbst. Es würde schon gehen. Sie würde ihr Leben verändern. Für ihren Mann und die Kids da sein, natürlich, immer, aber in einer neuen Art und Weise.

Peggy drehte eine lange Runde um den See. Sie kam an dem schönen Restaurant vorbei, in das sie schon immer mal hatte gehen wollen. Einladende Tische mit Korbstühlen standen dort, direkt am See. Ja, hier würde sie zu Mittag essen. Etwas, was sie nicht selbst kochen musste. In aller Ruhe suchte sie ihr Lieblingsgericht aus. Sie schaltete das Handy aus und lehnte ihren Kopf zurück.

Und wenn die Kinder sie brauchten? Aber ihr Mann war ja da. Und, ja, sie würde immer wieder mal kurz nachsehen, ob eine SMS eingegangen war. Dann wäre sie erreichbar. Im Notfall.

Sie lehnte den Kopf zurück. Eine Müdigkeit war in ihr, die nicht nur von dem Spaziergang kam. Wie gut das tat, einmal ohne Pflichten zu sein, Entschlüsse zu fassen, den Kopf frei zu haben. War sie eingeschlafen? Wahrscheinlich. Sie stellte ihr Handy an. Da war eine SMS.

Ihr Mann schrieb: „Was ist los? Heute ist wohl nicht dein Tag? Wann kommst du?"

Sie schüttelte den Kopf. Dann schrieb sie: „Doch, heute ist mein Tag. Bis heute Abend."

Ja, es war ihr Tag. Jetzt würde sie erst mal das schöne Mittagessen genießen.

Zuerst dachte sie noch, der Nachmittag läge endlos vor ihr, aber ein ausgiebiger Stadtbummel dauerte seine Zeit.

Zunächst wollte sie fast schon für ihre Kinder einkaufen, denn Melina brauchte neue Hefte und Pascal hatte von bestimmten Sportsocken gesprochen. Aber ach, das hatte Zeit. Heute ging es mal nur um sie, die Mutter.

Sie bummelte von einem Laden zum anderen. Diese Bluse war schön. Mal was anderes. Vielleicht ein bisschen gewagt, die Farbe. Aber sie passte zu diesem Tag. Ihr Ausflug war ja auch ein bisschen gewagt.

Irgendwann taten ihr die Füße weh. Eine Tasse Kaffee würde jetzt guttun. Sie ließ die Einkaufstüten auf einen Stuhl fallen. Und ihre Gedanken wanderten zu ihrer Familie. Der Tag war wunderschön gewesen, aber jetzt freute sie sich auch wieder auf zu Hause.

Ob sie ohne sie zurechtgekommen waren? Sie wollte nicht zu viel erwarten. Vielleicht würde die Wäsche immer noch auf dem Fußboden liegen, wenn sie nach Hause käme. Dann hätte sich nichts geändert.

Nicht ganz, denn sie hatte sich geändert.

Wieder schaute sie auf ihr Handy.

„Mama, wo bleibst du? Wir warten auf dich!"

Ein kleines Lächeln trat in ihr Gesicht.

„Ich feiere Muttertag“, schrieb sie. Ja, das war es. Sie feierte Muttertag.

Das würde sie in Zukunft immer wieder einmal tun. Einen Tag feiern, ganz für sich allein. Vielleicht nicht ungeplant so einfach aus dem Haus gehen wie heute, aber sicher würde es eine Wiederholung geben.

Ihren ganz persönlichen Muttertag.

Klassenclown

Was für ein schöner Morgen. Maren öffnete das Küchenfenster und schaute hinaus in die Sonne. Ob sie heute draußen auf dem Balkon essen konnten? Das mochte ihr Mann so gern. Ach, das Telefon klingelte.

„Weber!"

Oh, die Schule. Warum in aller Welt wurde sie aus dem Sekretariat angerufen? Es würde doch nichts mit Lennard sein?

Maren sah ihn schon vor sich – krank, ein Unfall, oder war er etwa verprügelt worden? Oder ...

„Was ist mit meinem Sohn, ist etwas passiert?"

„Einen Moment bitte. Ich verbinde mit Frau Engelhard."

Marens Herz klopfte.

„Ja, guten Tag, Frau Weber, schön, dass ich Sie erreiche."

„Was, was ist los? Ist Lennard was passiert?"

„Oh, das tut mir leid, ich wollte Sie nicht aufregen. Nein, Lennard geht's gut."

Maren atmete erleichtert aus. „Ach, haben Sie mich erschreckt."

„Also, körperlich geht es ihm gut."

Maren war so froh gewesen, dass sie fast den letzten Satz überhört hätte. Aber dann drangen die Worte doch an ihr Ohr.

„Ich würde gerne mal mit Ihnen über Lennard sprechen. Können wir einen Termin ausmachen, zu dem Sie und Ihr Mann in die Schule kommen?"

Marens Gefühle fuhren Achterbahn. Was wollte die Lehrerin? „Gibt es irgendwelche Schwierigkeiten mit Lennard, Frau Engelhard? Worum geht es denn?", fragte sie.

„Das können wir alles dann besprechen, wenn wir uns treffen", antwortete die Klassenlehrerin.

„Ach", bat die Mutter, „ich wäre doch froh, wenn Sie mir schon mal einen Hinweis geben könnten. Ich – dann kann ich mich besser auf das Gespräch vorbereiten."

Und Jan, ergänzte sie innerlich, *ich kann Jan darauf vorbereiten.*

„Also gut, ganz kurz, weil Sie fragen. Lennard hat in seinen Leistungen sehr nachgelassen. Und – er spielt jetzt öfter den Klassenclown. Darüber würde ich gern mit Ihnen reden. Bestimmt finden wir eine Lösung. Machen Sie sich mal keine Sorgen."

Mechanisch machte Maren einen Termin aus und legte dann das Telefon auf die Station. Ihr Herz klopfte. Die Lehrerin hatte gut reden. Eine Lösung finden. Was war nur mit Lennard los? Er hatte doch die ersten drei Schuljahre hindurch keine Probleme gehabt. Sie hatten sich oft über seine Noten gefreut. Vor allem Maren. Für Jan waren die Noten nicht so wichtig. Er wollte lieber, dass Lennard ein „richtiger" Junge war, sportlich und nicht empfindlich.

Aber sie, Maren, hatte immer ein Gefühl von Glück verspürt, wenn Lennard gut in der Schule zurechtkam. Er würde aufs Gymnasium gehen, das stand bei ihr fest. Er sollte alle Chancen haben.

Eine leichte Panik machte sich in Maren breit. In einem knappen halben Jahr mussten sie sich für eine Schulform entscheiden. Was sollte werden, wenn er weiter so schlecht lernte? Und was meinte die Lehrerin mit der Bemerkung: „Er spielt gern den Klassenclown?" Sie würden sich ihn mal vorknöpfen, sie und Jan. Lennard sollte nicht denken, die Schule sei nur ein Spiel. Entweder er strengte sich an oder ... Ja, was oder?

Eigentlich hatten sie es nicht in der Hand, was in der nächsten Zukunft geschah. Das war eine bittere Erkenntnis.

Maren grübelte vor sich hin. Woher kamen plötzlich all die Erinnerungen an ihre eigene Kinderzeit? Sie war auch hart rangenommen worden. Ihre Eltern waren sehr ehrgeizig gewesen. Maren war ihr ganzer Stolz. Und sie hatte sich auch immer angestrengt. Immer. Sie hatte ihre Eltern zufriedenstellen wollen.

Maren nahm Zuflucht zu einem Gebet: „Gott, wir wollen, dass Lennard erfolgreich ist. Mach, dass er sich ändert."

Und du?, dachte sie plötzlich. *Warst du denn glücklich?*

Einerseits ja. Aber andererseits ... Maren dachte an Momente zurück, in denen es ihr vorgekommen war, als ob ihre Eltern sie nur liebten, wenn alles glänzte. Manchmal hatte ein Druck auf ihrer Kinderzeit gelastet.

Ob das bei Lennard etwa auch so war? Nein, er wurde doch geliebt, so wie er war. Wirklich. Aber ob er das auch fühlte? Was die Schule betraf, hatte sie ihre bestimmten Ziele für ihn. Und Jan beim Sport.

Hm, jetzt fiel es ihr ein. Lennard hatte hin und wieder gesagt: „Mama, du willst immer nur, dass ich in der Schule gut bin."

Und oft ging er nur zum Fußballplatz mit, weil er seinem Vater einen Gefallen tun wollte. Beim letzten Mal hatte Lennard anschließend seine Fußballsachen frustriert in die Ecke geschmissen.

„Was war denn?", hatte sie ihren Mann gefragt.

„Ach, der Lennard wird nie ein guter Fußballspieler. Der hat doch Angst vor dem Ball", hatte dieser geantwortet.

In Lennards Augen hatte Ablehnung gestanden, das fiel ihr jetzt ein. Ob sie zu viel von ihm erwarteten?

Ihr Gebet veränderte sich. „Gott, bitte hilf uns. Wir wollen, dass Lennard glücklich ist. Vielleicht müssen wir etwas ändern und nicht er?"

Und plötzlich sah sie es sehr klar vor sich. Ja, sie mussten etwas ändern. Lennard sollte frei sein. Nicht frei in dem Sinne, dass sie sich um nichts kümmerten. Sie würden ihn unterstützen, fördern. Aber er sollte kein Kinderleben führen, das nur unter Erfolgsdruck stand.

Den ersten Schritt dazu würde sie gleich tun, wenn er nach Hause kam. Sie würde ihn nicht ausschimpfen, nicht in Panik sein. Und später würde sie in Ruhe mit ihrem Mann reden und sie beide zusammen mit der Lehrerin.

Es gab eine Lösung. Es gab immer eine Lösung. Das wusste sie plötzlich.

Die kleine Decke

Es war ein schöner Tag. Einer dieser Frühlingstage, an dem schon die Sonne schien, aber der Wind doch noch reichlich frisch blies.

Linda und ihr Kind hatten Zeit. So richtig konzentriert einkaufen konnte man ja kaum mit einem kleinen Mädchen, das neugierig immer wieder stehen blieb und Dinge bestaunte, die Linda selbst kaum wahrnahm.

„Guck mal die Tauben, Mama", jauchzte Noomi und breitete die Arme aus. Sie konnte sich immer so leicht begeistern. Doch plötzlich schauten ihre Augen betrübt drein. „Mama, was hat der Mann?", fragte sie und zeigte auf einen Bettler.

Der Mann sah wirklich mitleiderregend aus. Die Haare waren verfilzt, seine Kleidung schmutzig. Ein Bein war oberhalb des Knies amputiert.

„Warum sitzt der auf der Straße?"

Linda erklärte ihr, was ein Bettler ist. Noomi war bisher noch nicht mit solchen Leuten in Berührung gekommen, aber sie sollte natürlich wissen, dass es arme Menschen gab. Nur jetzt wollten sie weitergehen. So ein Anblick war doch nichts für ein Kind. Aber Noomi blieb stehen und beobachtete den Mann.

Ihr Gesichtsausdruck war betroffen.

„Komm, Noomi, wir wollen noch in die Spielwarenabteilung gehen. Du hast doch dein eigenes Geld dabei. Das Geburtstagsgeld von Oma. Ich bin gespannt, was du dir aussuchen wirst", versuchte Linda das Kind abzulenken.

Doch Noomi stand wie festgewachsen vor dem verwahrlosten Mann.

„Mama, guck mal, sein Bein. Er sitzt ja auf dem kalten Boden. Der friert doch."

„Ach, komm jetzt, Noomi. Darum müssen wir uns nicht kümmern. Schau mal, dort drüben ist ein großes Haus, das ist das Rathaus. Da gibt es Leute, die dem Mann helfen können." Sie nahm ihre Tochter an die Hand. Noomi war immer so leicht zu beeindrucken. Sie war ein sehr aufmerksames Kind, das von vielen Erlebnissen tief beeindruckt wurde.

„So, jetzt gehen wir weiter. Komm, Noomi." Gut, dass sie endlich den Bettler hinter sich lassen konnten. Ihre Tochter sollte den Tag genießen und sich nicht um fremde Leute kümmern.

In der Spielwarenabteilung leuchteten die Augen des Kindes. Sie ging von Regal zu Regal und schaute sich alles genau an.

„Kann ich das kaufen, Mama?", fragte sie immer wieder und zeigte auf das eine oder andere Spielzeug. Es war ja ihr Geburtstagsgeld. Sie durfte sich aussuchen, was sie haben wollte, so hatten die Großeltern es gesagt.

Endlich hatte Noomi sich entschieden. Ein kleiner Kuschelhase sollte es sein. „Dann hast du aber noch Geld übrig", sagte Linda.

„Ich weiß, Mama, ich muss ja auch noch etwas kaufen", antwortete Noomi.

„Was denn, Noomi?", fragte Linda lächelnd.

„Ich brauche noch eine Decke!", sagte Noomi entschlossen.

„Eine Decke? Du hast doch schon eine Kinderdecke und eine Puppendecke."

„Aber ich brauche noch eine, Mama. Guck mal, so eine hier, die ist schön."

Die Mutter lächelte wieder. Natürlich, rosa. Rosa war Noomis Lieblingsfarbe. Und die kleinen Tiere darauf waren wirklich niedlich.

„Reicht mein Geld denn?", fragte das Kind merkwürdig gespannt.

Linda nickte. „Ja, dafür reicht es noch", sagte sie.

„Ich will die Decke für den Mann kaufen", erklärte Noomi. „Damit er nicht mehr friert."

Linda wurde es langsam zu viel. Was hatte ihr Kind mit diesem Mann zu tun? Sie wollte nicht, dass Noomi zu sensibel war. Ihre Tochter sollte glücklich werden. Nicht zu empfindlich. Wie sollte sie denn sonst durchs Leben kommen?

Aber die Kleine beharrte darauf. Es sollte diese Decke sein. Endlich gab Linda nach. Es war schließlich Noomis Geld, und sie sollte lernen, mit Geld umzugehen.

Irgendwie war es Linda allerdings auch ein bisschen peinlich. Wie würden die Leute reagieren, wenn sie mit ihrem Kind zu diesem fremden Mann gehen würde? Sie wusste selbst nicht, was sie mit so jemandem reden sollte.

Aber jetzt musste es sein. „Fass den Mann bitte nicht an, Noomi", sagte sie. „Es kann sein, dass er Krankheiten hat."

„Ja, Mami", sagte die Kleine. „Ich gebe ihm nur die Decke. Der wird sich freuen."

Na, der wird sich wohl nicht freuen, dachte Linda. *Der will doch Geld, vielleicht trinkt er auch. Irgendwie sieht er so aus.* Sie ging zögernd mit ihrem Kind auf den Bettler zu.

Noomi schaute den Mann ohne Scheu an. „Hier", sagte sie. „Ich hab dir eine Decke gekauft. Damit du nicht frieren musst."

Und nun geschah etwas Unerwartetes. Die Augen des Mannes wurden feucht. Er nahm die Decke. Seine Hände zitterten dabei und sein schmutziges, finsteres Gesicht verschwand hinter einem strahlenden Lächeln.

„Danke, danke, du bist ein gutes Kind. Du erinnerst mich an meine Evelyn."

Die Mutter war nun auch berührt. Ob der Mann wohl auch eine Tochter gehabt hatte? Oder noch hatte? Die er liebte?

Für Noomi war die Welt wieder in Ordnung. Der Mann hatte sich gefreut, und deshalb freute sie sich auch. Doch jetzt wollte sie das versprochene Frühlingseis, das bunte, extra für Kinder. Sie zog ihre Mutter in Richtung Eiscafé. „Komm, Mama."

Linda hatte schon angenommen, dass ihre Tochter den Bettler sofort vergessen hätte. Aber das war nicht so. Auf dem Weg zum Eiscafé sagte die Kleine versonnen: „Ich glaub, der Bettler hieß Jesus."

„Was?", fragte die Mutter erstaunt. „Wieso meinst du das?"

„Ich weiß nicht, irgendwie hat er mich an die Geschichten von Jesus erinnert, an die aus meiner Kinderbibel."

Die Worte des Kindes trafen Lindas Herz. Ihr Kind hatte in dem Bettler Jesus gesehen. Später einmal würde sie ihr erklären, dass es nicht wirklich Jesus war, den sie beschenkt hatte. Oder vielleicht doch?

Womöglich hatte sie in ihrer kindlichen Naivität durch das Geschenk an den Bettler auch das Herz Jesu beschenkt. Plötzlich verschwand Lindas Angst, dass ihre Noomi es mit einem weichen Herzen in einer harten Welt nicht schaffen würde. Denn da war ja immer noch ein Herz, das über ihrer kleinen Tochter wachen würde. Das Herz Jesu.

Eine neue Chance?

Die Frau hastete durch die Straße. Sie nahm ihre Umgebung kaum wahr.

Familien schlenderten an ihr vorbei, es waren viele Menschen in der Stadt. Kaum jemand achtete auf die Mutter, der die Tränen über die Wangen liefen.

Sie wusste nicht, wohin. Nach Hause? Ob sie jemals wieder nach Hause gehen konnte? Oder war ihr die Tür jetzt verschlossen?

Sie hatten Fehler gemacht. Viele Fehler. Und heute war es passiert. Ein großer Streit. Er hatte geendet mit den Worten: „Mir reicht's. Ich bin weg. Ich komme nicht mehr zurück. Ich packe das alles nicht. Ich kann nicht mehr."

Es waren harte Worte gefallen: „Du denkst immer nur an dich. Dann geh doch! Wir kommen schon allein zurecht."

Ihr Kind hatte mit großen Augen zugehört – fassungslos. Romy liebte ihren Vater und ihre Mutter. Und nun hatte sie mit erschrecktem Blick zwischen den beiden gestanden.

Kim liebte Romy sehr. Nur, manchmal war sie mit allem überfordert. Sie liebte auch ihren Mann, doch es kam immer wieder zu Streitigkeiten. Aber ganz weggehen, das hatte sie eigentlich gar nicht gewollt. Eigentlich wollte sie bei ihrer Familie bleiben.

Doch jetzt zurückgehen? Betteln und sagen: „Ich hab's nicht so gemeint?" Vielleicht waren sie ganz froh, wenn sie mal für sich allein sein konnten. Auch sie hatte Schuld an dieser Situation, das war klar. Und jetzt hatte sie keine Ahnung, wohin sie gehen konnte.

Wie sie zu der Kirche gekommen war, wusste Kim nicht mehr. Die Tür stand offen und so war sie hineingegangen. Sie wollte sich nur ein wenig hinsetzen. Es war angenehm kühl hier drinnen.

Jetzt nahm Kim Zwiesprache mit ihrem Herzen. Es war nicht nur Überforderung. Es war auch ... sie hatte ... keiner wusste es. Aber in ihrem Herzen verspürte sie oft die Anklage: „Du musst mit deinem Mann darüber sprechen. Du kannst nicht so tun, als ob nichts gewesen wäre." Auch dies war ein Grund, weshalb sie oft so unausgeglichen war.

Sie schaute sich in der Kirche um. Wie lange war sie nicht mehr in einem Gottesdienst gewesen. Ihr Blick fiel auf das Kreuz, aber sofort schaute sie wieder weg. Würde Gott ihr böse sein? Das Wort Sünde fiel ihr ein. War das nicht antiquiert? Aber in ihrem Herzen wusste sie: Ja, sie war eine Sünderin. Was musste sie tun, um alles wiedergutzumachen?

Scheu schaute Kim erneut auf das Kreuz. Dann sah sie es: Dieser Jesus schaute nicht streng. Er schaute irgendwie liebevoll. Und dann sah sie die kleine Karte. Sie lag auf ihrer Bank. War das ein Satz aus der Bibel?

> *Das Einzigartige an dieser Liebe ist: Nicht wir haben Gott geliebt, sondern er hat uns seine Liebe geschenkt. Er gab uns seinen Sohn, der alle Schuld auf sich nahm, um uns von unserer Schuld freizusprechen.* (1. Johannes 4,10 Hfa)

Es war, als ob die Worte direkt in ihr Herz trafen.

Gab es das – freigesprochen werden von aller Schuld? Sie

wusste nicht so richtig, wie man betet. Von Jesus hatte sie früher einmal gehört, aber das war lange her.

Doch jetzt schien es ihr, als ob jemand sie einlüde, ihm ihr Herz auszuschütten. Und plötzlich sprudelte es nur so aus ihr heraus. Alles, alles sagte sie. Auch das, was niemand wissen sollte. „Entschuldigung, Jesus", fügte sie anschließend hinzu.

War das ein Gebet gewesen? Frieden strömte in ihr Herz. Und sie fragte sich, ob doch noch alles gut werden konnte.

Ihr Handy klingelte. „Wo bist du?", fragte ihr Mann.

„Ich, ich bin in der Kirche", antwortete Kim.

„Du bist wo?", fragte er ungläubig noch einmal.

„In der Kirche, mitten in der Stadt, oben in der Einkaufsstraße, in der mit den bunten Fenstern. Ich ruf dich an, ich brauch noch Zeit."

War es ein gutes Zeichen, dass ihr Mann anrief? Oder war ihre Ehe am Ende? Sie würde ihm alles sagen müssen, das war ihr klar. Sie wusste nicht, wie er reagieren würde. Aber sie wusste jetzt, dass es einen Weg geben würde. Irgendwie.

Kim saß noch eine Weile da und ließ die Stille des Kirchenraums auf sich wirken.

Plötzlich wurde die Ruhe von einem kleinen Stimmchen unterbrochen: „Mama, da bist du ja."

Sie drehte sich um. Ihr Mann und ihr kleines Mädchen standen im Eingang des Gebäudes.

Romy lief auf sie zu. „Mama, warum bist du in einer Kirche?"

Kim schaute ihren Mann an und sah ein stilles Einverständnis in seinem Blick, das zu sagen schien: *Wollen wir es noch mal versuchen?*

Sie würde mit ihm reden und vielleicht, ganz vielleicht gab es eine neue Chance für sie beide. Sie schaute noch einmal zurück zum Kreuz. Jesus. Er verstand sie. Er würde helfen. Das wusste sie jetzt.

Vor dem Kleiderschrank

Madeleine stand vor ihrem Kleiderschrank. Wenn doch der Abend schon vorüber wäre. Ihr lag nichts daran, zu dieser Veranstaltung zu gehen.

Die Kollegen und Kolleginnen freuten sich schon lange darauf. Es sei immer so lustig – so unterhaltsam. Ja, man würde sich schon chic anziehen, nicht gerade ein Abendkleid, aber doch etwas Besonderes.

Madeleine schaute in den Spiegel. Etwas Besonderes hatte sie sich ausgesucht. Oder war es zu auffällig? Sollte sie mit dem schwarzen Hosenanzug vielleicht doch auf Nummer sicher gehen?

Sie schaute an sich herunter. Nein, sie hatte sich dieses Outfit extra für den Anlass gekauft. An ihr sahen die Kleider eben nie so aus wie an den Schaufensterpuppen. Und auch ihr Gesichtsausdruck passte nicht zu so etwas Ausgefallenem. Vielleicht weil sie sich selbst eher für durchschnittlich hielt? Nichts Besonderes?

Die Tür zu ihrem Schlafzimmer öffnete sich und ihr kleiner Sohn Colin kam herein.

„Mama, kann ich mal ...?“ Seine Augen fielen auf die Kleidung seiner Mutter, auf den Schmuck, das Make-up. Er schaute sie an.

Ein bisschen charmant, aber sehr überzeugend staunte er sie an und sagte: „Mama, du bist die Schönste. Dich heirate ich, wenn ich groß bin."

Madeleine nahm den kleinen Knirps in den Arm. Ihr Herz wurde weich. Sie schaute noch einmal in den Spiegel, und weil das Lächeln noch in ihrem Gesicht stand, gab es ihr eine ganz besondere Ausstrahlung.

Eigentlich sehe ich doch ganz gut aus, dachte sie. *Gut, dass ich mir mal was Außergewöhnliches gekauft habe.*

Auf einmal freute sie sich auf den Abend. Und auf den nächsten Tag, auf ihren kleinen Jungen, für den sie wohl immer etwas Besonderes sein würde.

Der Ausflug

Sie hatte sich schon lange auf diesen Tag gefreut. Eine ihrer Lieblingsschriftstellerinnen würde zu einer Lesung in der Stadthalle zu Gast sein. Sie hatte alles von ihr gelesen und meinte, sie dadurch schon ein bisschen zu kennen. Jetzt war sie so gespannt. Irgendwie war es anders, jemanden mal persönlich vor sich zu sehen, nicht nur etwas von einer Person zu lesen.

Es war überhaupt ein schöner Tag. Ihre Schwiegermutter war extra gekommen, um die Kinder zu nehmen.

„Geh ruhig ein bisschen früher, dann hast du was von dem Tag", hatte sie großzügig vorgeschlagen.

Das ließ Julia sich nicht zweimal sagen. Sie wusste schon, was sich mit der Zeit anfangen ließ. Sie würde ihr Café besuchen. Dort saß sie am liebsten, wenn sie mal frei hatte. Dann ging sie ihrer geheimen Beschäftigung nach. Sie schrieb kleine Geschichten. Nichts Besonderes. Niemand hatte sie je zu sehen bekommen, nicht mal ihr Mann. Und sie schrieb auch nur dort.

Heute war ihr Lieblingsplatz frei. Sie liebte den Blick aus dem Fenster in den Stadtgarten. Komisch, hier störten die Geräusche um sie herum nicht. Vielleicht, weil keiner sie kannte. Niemand würde etwas von ihr wollen.

Die Serviererin fragte: „Wie immer?"

Julia lächelte und nickte. Wie immer. Eine schöne Tasse Kaffee mit viel Milch. Später vielleicht ein Stück Kuchen.

Sie zog ihre Kladde aus der Tasche. Sie schrieb immer in solche einfachen Hefte. Klar, zu Hause hatte sie den Computer, aber da wurde sie von den größeren Kindern oft gestört.

„Mama, kann ich mal ganz kurz ins Internet?"

„Du, Mama, ich muss noch schnell eine Mail beantworten."

So konnte man doch nicht schreiben.

Eigentlich war es auch egal. Niemand würde die Geschichten je zu Gesicht bekommen. Sie schrieb einfach so für sich. Meistens über ihre Familie.

Julia schaute sich entspannt um. Am Nebentisch nahm eine andere Frau Platz, etwa in Julias Alter. Sie sah die Kladde und den Kugelschreiber in Julias Hand und lächelte sie an. Dann zog sie ein ähnliches Heft aus ihrer Handtasche, bestellte und begann zu schreiben.

Julia schmunzelte. Sie war also nicht die Einzige. Irgendwann begegneten sich die Blicke der beiden Frauen wieder.

Die Frau am Nachbartisch fragte: „Schreiben Sie auch?"

„Ja", antwortete Julia und lächelte verschmitzt. „Wir erfüllen wohl beide das überholte Klischee von Frauen, die im Café ihre Geschichten verfassen. Wissen Sie, eigentlich vertreibe ich mir damit auch ein bisschen die Zeit, denn ich möchte noch zu einer Lesung."

„Tatsächlich?", fragte die andere.

Julia erzählte von ihrer Lieblingsschriftstellerin und wie sie sich auf den Abend freute. „Haben Sie nicht Lust, auch zu kommen?", lud sie ihre neue Bekanntschaft ein.

„Was schreiben Sie denn da?", fragte die Tischnachbarin. „Ich will nicht neugierig erscheinen, aber ich interessiere mich sehr dafür."

Julia nahm zögernd ihre Kladde. Warum sollte sie der Fremden nicht ihre letzte Geschichte zeigen? Sie kannte die Frau nicht und würde sie nie wiedersehen.

„Na gut", sagte sie. „Es ist aber nur eine kleine Geschichte."

„Meine ist auch nur kurz", sagte die Frau und beide nahmen die Kladde der anderen in die Hand.

Julia vertiefte sich in die Geschichte. Sie gefiel ihr, sie gefiel ihr sogar richtig gut. Es war, als habe die Fremde ihr Herz berührt. Die konnte schreiben, das stand fest. Wie würde sie auf Julias Geschreibsel reagieren? Julia schaute sie an.

„Ihre Geschichte ist wunderschön", sagte die Fremde. „Sehen Sie, sie hat mich fast ein wenig zum Weinen gebracht."

Wirklich, die Augen der Dame waren etwas feucht. „Übrigens, ich glaube, ich komme heute Abend auch, dann sehen wir uns sicher wieder", fügte sie hinzu.

Julia verabschiedete sich. Irgendwie hatte diese Begegnung ihr gutgetan.

Sie dachte noch daran zurück, als sie auf ihrem Platz in der Halle saß. Sie hatte sich extra vorne einen Sitz reservieren lassen. Wenn schon, dann wollte sie auch gut sehen können.

Plötzlich sah sie ihre Tischnachbarin vom Nachmittag wieder. Sie wollte ihr gerade zuwinken, als die Frau das Podium bestieg. War sie etwa für den Abend irgendwie mit verantwortlich?

„Guten Abend, sehr verehrte Damen und Herren ...", hörte Julia jemanden sagen, und ... war das, war das etwa ihre Schriftstellerin? Oh nein, was hatte sie ihr alles erzählt? Wie begeistert sie von ihr sei, und dass sie schreibe und ...

„Bevor ich lese, möchte ich von einer besonders netten Begebenheit in einem Café hier in der Stadt erzählen." Die Frau erzählte, wie sie beide in ihre dicken Kladden geschrieben hätten und wie Julia sie schließlich für den Abend eingeladen hatte. „Ich fühle mich sehr wohl hier in Ihrer Stadt und danke Ihnen, dass Sie die Erste waren, die mich willkommen hieß. Darf ich Sie fragen, ob Sie bereit wären, uns Ihre Geschichte vorzulesen? Ich meine die, die ich heute Nachmittag von Ihnen lesen durfte."

Um Julia herum schwankte es. War wirklich sie gemeint? Oder hatte sie etwas falsch verstanden? Das konnte doch nicht sein. Hier vor allen Gästen sollte sie eine Geschichte vorlesen? Ob sie die Bitte der Schriftstellerin abschlagen durfte? Es konnte doch nur eine Blamage werden.

Gott, ich kann das nicht, ich kann nicht vor so vielen Leuten reden, rief es in ihr. Und zugleich wusste sie: Wenn er ihr eine Chance gab, dann sollte sie diese auch wahrnehmen, egal, was daraus entstehen würde.

Julia ging auf die Bühne und las mit unsicherer Stimme den Titel ihrer Geschichte vor. „Es ist nichts Besonderes", fügte sie hinzu, „sie handelt von meiner Familie."

Aber als sie die Geschichte las und dabei immer wieder in die Augen der Zuschauerinnen sah, wusste sie, dass es doch etwas Besonderes war. Sie waren aufmerksam, sie waren berührt, sie lachten an den richtigen Stellen und zum Schluss gab es einen warmen Applaus.

Julia setzte sich. Freude erfüllte ihr Herz. Sie würde es ihrer Familie erzählen. Es würde nicht ihr letzter Ausflug gewesen sein – in ihr Café und in eine andere Welt.

Zickenalarm

Es war ein gemütlicher Nachmittag. Die Sonne schien warm, die Kids spielten vergnügt im Sandkasten und die Mütter hatten es sich in der Sonne gemütlich gemacht.

Ein bisschen ausspannen vom Stress, einfach mal als Freundinnen zusammen zu sein, das genossen sie beide.

Es war schön, so nah beieinander zu wohnen. Yvonne und Tina hatten Kinder im gleichen Alter. Die Babys schliefen zum Glück gerade. Schon das war selten. Meistens war eines der Kleinen wach, aber jetzt konnte man mal ungestört plaudern.

Die beiden Großen vertrugen sich eigentlich ganz gut. Die Mütter warfen immer mal einen Blick auf sie. Süß, wie sie so ernsthaft an einer Sandburg bauten und jetzt den Tunnel gruben. Sie hatten ihnen einen Eimer Wasser neben den Sandkasten gestellt. Nasser Sand ließ sich eben einfach besser formen. Es war ein schönes, friedliches Bild. Doch plötzlich gab es einen Szenenwechsel.

„Mensch, pass doch auf. Oh, bist du dumm, Celine, jetzt ist der ganze Tunnel kaputt. Hach, du hast mit dem Fuß gegen die Burg getreten.“ Kevin war richtig entrüstet.

Celine schaute ihn herausfordernd an und sagte: „Na und? Ist mir doch egal.“

Das machte Kevin wütend und er gab Celine einen Stoß.

„Hey!“, rief das Mädchen. „Aua.“ Sie nahm etwas Sand und warf ihn auf Kevin.

„Nicht mit Sand werfen!“, mahnte Tina, Celines Mutter.

Aber Kevin ließ sich das ohnehin nicht gefallen. Er nahm etwas von dem Matsch und bewarf Celine damit. Wahrscheinlich wollte er es nicht, aber er traf genau ihr Gesicht und ihre schönen blonden Haare.

Celine schrie wie am Spieß: „Der hat mich beworfen. Und alles ins Gesicht.“

„Na und, du alte Zicke?“, schimpfte Kevin.

„Bist du ruhig, Kevin!“, rief seine Mutter. Und, zu Tina gewandt meinte sie: „Ach, so schlimm war es nicht, ich glaube, sie steigert sich ein bisschen hinein.“

„Was?“, entgegnete Tina. „Das nennst du sich reinsteigern? Guck mal, sie hat Sand in den Augen. Und alles hängt in den Haaren. Komm mal her, Schätzchen. Was hat Kevin getan? Komm, ist ja gut, ich mach dich wieder sauber. Ja, das brennt in den Augen, ich weiß.“

„Mensch, Yvonne, dein Kevin kann aber ganz schön brutal reagieren“, richtete sich Tina an ihre Freundin.

„Brutal“, wiederholte Yvonne ironisch, „das ist doch nicht brutal. Sie hat ihn schließlich auch geärgert.“

„Ja und?“, entgegnete Tina. „Das ist doch kein Grund, jemandem Matsch ins Gesicht zu werfen. Aber ich glaube, du bist ein bisschen blind, was deinen Sohn angeht. Der macht ja, was er will.“

Jetzt wehrte sich Yvonne. „Kevin macht nicht, was er will. Er wird nur wütend, wenn er gereizt wird. Aber deine Tochter sagt einmal Piep und schon rennst du hin. Die stellt sich doch nur so an, weil sie weiß, was das bei dir auslöst.“

Jetzt fing auch noch eines der Babys an zu schreien. Yvonne nahm ihre Tochter aus dem Wagen und holte das Gläschen mit Babybrei aus der Tasche.

Die beiden Mütter schwiegen und schauten vor sich hin. Die großen Kinder spielten wieder im Sandkasten. Aber sie hielten Abstand voneinander. Kevin versuchte, die Burg aufzubauen und Celine backte Sandkuchen.

Es war ein unbehagliches Schweigen zwischen Tina und Yvonne. Was war nur los? Sie hatten sich doch früher immer so gut verstanden. Aber jetzt gerieten sie sich wegen der Kinder öfter mal in die Haare. Tina verzog den Mund.

Oh Gott, betete sie etwas genervt in ihren Gedanken. *Ich hatte mich auf diesen Tag so gefreut. Und jetzt gibt's schon wieder Stress. Yvonne sieht einfach nicht, was mit ihrem Sohn los ist. Sie nimmt ihn immer in Schutz.*

Und du nimmst Celine in Schutz, oder?, schoss es ihr durch den Kopf.

Wieso? Kevin hat sie schließlich mit Matsch beworfen, setzte sie ihren inneren Dialog fort. *Jetzt kann ich ihr heute Abend extra wieder die Haare waschen. Und das ist immer so ein Akt. Yvonne kann Kevin einfach nicht richtig erziehen. Er wird viel zu schnell wütend.*"

Und Celine? Hat sie ihn nicht auch mit Sand beworfen?

Mit Sand, aber nicht mit Matsch.

Plötzlich ertönte ausgelassenes Lachen. Die beiden Mütter schauten wie auf Kommando gleichzeitig zum Sandkasten hinüber. Ihre großen Kinder bespritzten sich mit Wasser und hatten ihre helle Freude dabei.

Yvonne lächelte leicht resigniert. „Zickenalarm zu Ende", stellte sie fest. „Zumindest im Sandkasten."

Tina lächelte ein wenig gequält. „Bei den Müttern auch?", fragte sie.

„Ja", bestätigte Yvonne. „Komm, ich weiß, Kevin kann manchmal ein bisschen schnell reagieren."

„Ein bisschen schnell reagieren nennst du das?", wollte Tina gerade auffahren, aber dann verbiss sie sich ihre Bemerkung. Jedes Kind hatte schließlich seine Schwächen und Stärken. Celine auch.

„Ja, Zickenalarm zu Ende“, bestätigte sie. Und ein ganz kleines bisschen musste sie über sich selbst lächeln.

Wo ist mein Kind?

„Mama, ich habe keine Lust mehr zum Einkaufen."

„Nur noch dieses eine Geschäft, Maike, ich möchte dort kurz eine bestimmte Bluse anprobieren. Dann gehen wir in die Spielzeugabteilung."

„Ach, Mama, du sagst immer: Nur noch ein Geschäft. Und dann dauert es wieder so lange", maulte das Kind.

Eigentlich ging Christiane nicht gern mit ihrer Tochter in die Stadt. Kinder hatten einfach keine Geduld zum Einkaufen. Aber sie brauchte für die Geburtstagsfeier am Sonntag dringend etwas Neues zum Anziehen. Und der Kindergarten war heute geschlossen. Deshalb musste sie Maike mitnehmen.

„Warte hier vor der Kabine", sagte sie. „Hörst du?"

„Ja, ja", antwortete Maike. Sie zog eine Grimasse.

Christiane zog den Vorhang der Umkleidekabine zu. Ach, war das eine Hetze, wenn man mit einem Kind einkaufen ging. Die Bluse war nichts. Oder doch? Nein, sie passte einfach nicht. Dann würde sie noch weiter ...

„Maike?", rief Christiane leise. Sie zog den Vorhang ein wenig zur Seite. „Maike!" Das Kind war nicht zu sehen. Christiane zog sich in Windeseile um.

Maike würde sicher irgendwo im Geschäft sein. Sie musste einfach hier sein. Christiane trat aus der Umkleidekabine.

„Maike!“, rief sie. Einige Leute schauten in ihre Richtung. „Maike, wo bist du?“

Ihre Tochter war nirgends zu sehen. Christiane wandte sich an eine der Verkäuferinnen. „Haben Sie meine Tochter gesehen? Sie sollte hier vor der Kabine stehen bleiben.“

„Oh, leider nicht. Ach doch, da stand eben ein Kind, das hab ich gesehen. Aber wo die Kleine hingelaufen ist, kann ich Ihnen leider auch nicht sagen. Bei uns ist heute so viel los.“

Christiane wurde ängstlich. „Maike?“, rief sie nun lauter.

Vielleicht hatte sie sich irgendwo im Laden versteckt. Die Mutter schaute sich um. Lugte da nicht ein blauer Mantel hervor? Ach, nein, das war ein T-Shirt, das unordentlich aufgehängt war. Christiane hastete von Ständer zu Ständer. Nein, hier im Laden war ihre Tochter nicht.

Sie schwitzte. Sie hatte Angst. Maike würde doch nicht ...? Nein, sie hatte ihr so oft erklärt: „Geh niemals mit jemandem mit, wenn wir es dir nicht erlaubt haben.“ Aber man hörte so viel von Entführungen, von Verbrechen.

Tränen traten ihr in die Augen. *Ich muss beten,* dachte sie. *Nur einer kann sie beschützen. Gott,* schluchzte sie innerlich. *Maike, sie ist weg. Bitte schütze sie. Und bitte, bitte gib, dass ihr nichts passiert. Hilf uns!*

Jetzt begann sie richtig zu weinen. Sie lief aus dem Laden, schaute in die Einkaufspassage. Nirgends war ein blauer Mantel zu sehen, nirgends schaute sie in das geliebte Gesichtchen ihrer Tochter. Wenn sie doch nur irgendwo hervorkäme und sagte: „Mama, ich hab mich versteckt.“ Wie erleichtert würde Christiane sein. Klar, solche Spielchen sollte Maike nicht machen. Aber Hauptsache, sie hätte ihr Kind zurück. Wenn es nun ...

„Nein, ich darf mir nicht das Schlimmste vorstellen“, sagte sie leise vor sich hin. „Ich muss einen kühlen Kopf bewahren.“ Aber ihr Schluchzen ließ sich nicht unterdrücken.

„Kann ich Ihnen helfen?" Das war eine Verkäuferin.

„Mein Kind ist weg", sagte Christiane. „Meine kleine Tochter."

Die Verkäuferin nahm sie am Arm. „Kommen Sie, wir lassen Ihr Kind ausrufen. Bestimmt ist sie irgendwo hier im Haus. Wie heißt sie denn? Und was hat sie an?"

Und kurze Zeit später hörte Christiane eine Ansage durch den Lautsprecher. „Die kleine Maike hat ihre Mutter verloren. Sie ist fünf Jahre alt und trägt einen blauen Mantel. Die Mutter des Kindes wartet an der Information."

Einige angstvolle Minuten vergingen. Was sollte sie nur tun, wenn Maike nicht gefunden würde?

Doch dann hörte sie plötzlich ein Stimmchen. „Mama."

Maike, sie ist da!, war ihr einziger Gedanke. Und dann sah sie ihr Kind – ganz unversehrt. Aber geweint hatte die Kleine.

Sie lief auf ihre Tochter zu. „Kind", sagte sie nur und nahm sie in die Arme. „Mein Schatz."

Sie verspürte eine ganz besondere Liebe zu Maike. Bei dem Gedanken, sie zu verlieren, empfand sie jetzt noch einmal den ganzen Schrecken der letzten Minuten.

„Mama", sagte Maike. „Ich, ich hab mich verlaufen. Ich bleib jetzt immer bei dir."

„Ja, mein Kind", antwortete Christiane und drückte ihre Tochter ganz fest an sich. „Ja, du bleibst bei mir."

Und dann dachte sie an den, zu dem sie gerade so flehentlich gebetet hatte. „Danke", flüsterte sie kaum hörbar. „Ja, wir wollen auch immer bei dir bleiben."

Das Herz einer Mutter

Britta ging rastlos durch die Wohnung. Irgendwie konnte sie sich nicht entspannen. Obwohl es in ihrer Familie ruhiger war als sonst.

Es war ja auch keiner da zum Streiten. Die Mädchen waren nie sehr schwierig gewesen und waren es auch immer noch nicht. Klar, die ganz normalen Auseinandersetzungen gab es auch mit ihnen. Und dieses ständige Warten, wenn man wegfahren wollte. Bis sie aus dem Badezimmer kamen. Bis sie geschminkt waren und sich nicht zum fünften Mal umziehen mussten. Aber Auseinandersetzungen mit Kim und Vivien endeten meist friedlich. Manchmal lachten sie anschließend miteinander.

Vivien nahm ihre Mutter ab und zu in den Arm und sagte: „Ach, Mama, nimm's nicht so ernst, so ist das halt, wenn Kinder in die Pubertät kommen."

Mit Finn war es anders. Früher nicht, da war er ein toller Junge gewesen. Und wie er an seiner Mutter gehangen hatte. Als er noch kleiner gewesen war, war es ihm immer schwergefallen, wenn sie mal einen Tag weg gewesen war.

„Du bist meine liebste Mama", hatte er öfter gesagt. Auch als er schon zur Schule gegangen war.

Klar, als er älter wurde, zeigte er seine Zuneigung nicht

mehr so offen. Aber sie und ihr Mann hatten nie Schwierigkeiten mit ihm gehabt.

Doch dann war es plötzlich anders geworden. Zuerst unmerklich, dann aber so, dass es wehtat. Der fröhliche, aufgeschlossene Finn hatte sich verändert. Er war ihnen gegenüber nicht mehr offen. Wenn sie mit ihm reden wollten, blockte er ab.

Finn ließ sich auch nichts mehr sagen. Früher hatten sie Regeln in der Familie gehabt und jeder hatte zumindest versucht, sich daran zu halten. Das ging jetzt nicht mehr. Finn erschien in der Küche, wenn er Hunger hatte. Zu den Mahlzeiten war er oft nicht da. Er sagte auch nicht mehr Bescheid, wo er hinging. Manchmal kam er erst nachts nach Hause. Wenn sie ihn zur Rede stellten, wurde er frech. Nicht nur frech, beleidigend.

Seine Kleidung roch immer stark nach Zigaretten. Wenn sie ihn darauf ansprachen, kam ein blöder Spruch. Ob er seine Schulaufgaben überhaupt noch machte? Ob er Drogen nahm? Einmal hatte Britta ihn in der Stadt gesehen, er sie aber nicht. Er hatte mit Freunden bei den Parkbänken rumgehangen, die sie alle nicht kannte. Sie hatte in dem Moment auch nicht auf ihn zugehen können. Sie hatte einfach nicht gewusst, wie er darauf reagieren würde.

Britta schaute jetzt in Finns Zimmer. Sie hatte in den letzten Tagen aufgeräumt, das Zimmer gelüftet. Drei Tage war er nun schon weg.

„Ich bin bei 'nem Kumpel", hatte er gesagt.

Brittas Herz zog sich zusammen. Sie hatte das Gefühl, dass sie ihren eigenen Sohn nicht mehr kannte. Und, noch schlimmer, in ihrem Herzen war eine Schranke. Sie hasste seine Dreadlocks, sie hasste die Auseinandersetzungen, und sie hatte Angst.

Es war Angst um ihn, aber es war auch Angst vor ihrem

eigenen Herzen. Britta spürte eine Härte in sich. Als Finn sagte, dass er zu einem Kumpel ziehen würde, war sie innerlich fast erleichtert gewesen. Sie wollte einfach Ruhe haben. Finns provokante Art ging ihr auf die Nerven, das machte ihr Angst.

Sie wollte ihren eigenen Sohn doch nicht ablehnen, und doch tat sie es. Manchmal schämte sie sich auch für ihn. Eine andere Mutter hatte sie neulich angesprochen: „Ihr Sohn hat jetzt auch diese Dreadlocks. Und er raucht schon? Ich bin froh, dass meiner noch nicht auf solche Ideen kommt."

Britta wollte es nicht, aber sie spürte, dass ihr Herz Finn gegenüber härter geworden war.

Bei ihrem Mann war das anders. Er sagte immer: „Nimm's nicht persönlich. Finn macht eine schwierige Zeit durch."

Aber sie nahm es persönlich. Und je mehr Finn sich veränderte, desto mehr fürchtete sie, dass etwas Schlimmes mit ihm passieren könnte. Dass er ein Loser werden würde.

„Gott, hilf mir", betete sie, „mein Herz tut weh, aber es ist auch so verschlossen." Plötzlich fiel ihr ein Vers bruchstückhaft ein, den sie irgendwann einmal in der Bibel gelesen hatte. Es ging um Jesus, und dass er die Sünder annimmt.

In diesem Augenblick fiel es ihr wie Schuppen von den Augen. Jesus nimmt die Sünder an. Das galt für Finn, oder? Aber es galt auch für sie. Für ihr hartes Herz. Für ihren Stolz. Für ihre ...

Ihr Handy klingelte. „Ja?", fragte sie.

Es war Finn. Sie konnte ihn kaum verstehen, er sprach undeutlich.

„Mama, könnt ihr mich abholen? Mir geht's nicht so gut", sagte er.

„Wo bist du, Finn?" Er nannte den Namen einer berüchtigten Kneipe. „Kannst du mich mit dem Wagen abholen?"

Und in dem Moment, als Britta seine Stimme hörte, floss ihr Herz über vor Liebe zu ihrem Sohn.

„Wir kommen“, sagte sie. Ihr Mann schaute sie fragend an.

„Das war Finn“, sagte sie. „Wir sollen ihn holen.“

Die beiden sahen einander an und lasen in den Augen des anderen die tiefe Liebe zu ihrem Sohn. Eine Liebe, die bereit war, alles Vergangene zu vergeben.

Sie würden es schaffen. Gemeinsam würden sie es schaffen. Sie waren ja nicht allein. Der, der ihren Sohn über alles liebte, war mit ihnen.

Der Geburtstagsgast

Maria stand still am Fenster. Sie schaute hinaus in die Parklandschaft. Die Sonne schien, aber in ihrem Herzen entfachte der schöne Ausblick keine richtige Freude.

„Ich will nicht enttäuscht sein", sagte sie sich immer wieder. „Die Kinder meinen es doch nicht so. Sie sind halt mit ihren eigenen Sorgen und Aufgaben beschäftigt. Birgit kommt ja heute Abend. Und Martin hat die schönen Blumen geschickt."

Maria schaute noch einmal den herrlichen Strauß an. Man sah ihm an, dass er aus einer teuren Blumenhandlung kam.

Es war ein kurzer Gruß dabei gewesen, mit dem Computer geschrieben: „Liebe Mutti, meine herzlichsten Glückwünsche zum Geburtstag."

Lutz hatte sich noch gar nicht gemeldet. Er würde doch ihren Siebzigsten nicht vergessen?

„Stell dich nicht an", sagte Maria wieder zu sich selbst. „Du willst doch nicht egoistisch sein. Freu dich einfach auf den Abend mit Birgit."

Sie dachte zurück an die vielen schönen Feste in ihrer Familie. Ja, feiern konnten sie. Wie viele Kuchen hatte sie gebacken, wie viele Geschenke in den Jahren liebevoll eingepackt?

Sie war dankbar für ihre Familie. Auch wenn jetzt jeder Geburtstag mit Wehmut verbunden war, weil ihr Mann nicht mehr dabei war. Trotzdem, sie hatte viele schöne Erinnerungen.

„Ja, danke, lieber Gott", betete sie. Gott hatte ihre Familie gesegnet, das wusste sie. Vor allem, wenn sie sich alleine fühlte, betete sie manchmal. Und vor dem Essen, da sagte sie noch das Tischgebet von früher: „Komm, Herr Jesus, sei du unser Gast und segne, was du uns bescheret hast."

Was gingen ihr nur heute für Gedanken durch den Kopf. Sei du unser Gast? War er denn nur ein Gast, so wie die Nachbarin, die heute Blumen gebracht hatte? Ja, es stimmte schon, er hatte nicht mehr so einen festen Platz in ihrem Leben wie früher einmal. Da war es anders gewesen. Sie spürte so etwas wie Bedauern in ihrem Herzen und eine Sehnsucht, dass er in ihrem Leben nicht nur einfach ein Gast sein sollte, sondern immer da, immer mit ihr zusammen.

„Jesus", betete sie deshalb, „vergib mir bitte, dass ich unsere Beziehung vernachlässigt habe."

Noch ein paar andere Dinge fielen ihr ein, und sie sprach alles aus. Das tat richtig gut.

Anschließend schüttete sie ihr Herz regelrecht vor ihm aus:

„Und weißt du, ein bisschen enttäuscht bin ich schon. Ich hatte gedacht, die Kinder würden alle drei kommen."

Ja, es stimmte, sie hatte sich eine richtige Feier gewünscht. War das egoistisch? Irgendwie hatte sie gehofft, die Kinder würden sich etwas Besonderes ausdenken.

Irgendwann hatte Lutz mal gesagt: „Mama, um deinen Siebzigsten, da kümmere dich nicht, das ist unsere Sache."

Sie hätte mit ihnen darüber sprechen müssen. Aber sie hatte gedacht, sie wollten sie überraschen. Deshalb hatte sie einfach abgewartet. Wahrscheinlich war sie sich zu sicher gewesen.

Sie wollte nicht albern sein. Aber trotzdem tat es weh. Warum Lutz sich gar nicht gemeldet hatte? Und Martin würde sie auch nicht sehen? Bestimmt nicht, sonst hätte er ja keine Blumen geschickt.

Sie hatte sich so auf alle Kinder gefreut und auf die Enkelkinder. Für sie hatte sie kleine Überraschungen besorgt. Sie wusste, was jeder gerne aß.

Es wäre schön gewesen. Aber jetzt wollte sie aufhören zu jammern, sich zusammenreißen und Birgit ein fröhliches Gesicht zeigen, wenn sie später kam. Sicher würde es gemütlich sein. Einen Kuchen hatte sie für alle Fälle da.

Es klingelte. Birgit kam aber früh. Die Mutter schaute schnell in den Spiegel und zauberte ein Lächeln in ihr Gesicht.

Plötzlich hörte sie viele Stimmen, die sangen: „Happy Birthday, liebe ...", und da vermischte es sich „liebe Mutti, liebe Oma", ... ein Gelächter ...

„Mutti, willst du nicht aufmachen?"

Sie öffnete die Tür und eine unbeschreibliche Freude durchflutete sie. Sie waren da. Alle waren sie da. Sie lachten sie an. Liebe schaute aus ihren Augen.

„Wolltest du uns denn nicht reinlassen, Oma?", fragte Kathy und lächelte spitzbübisch.

Jetzt schossen Maria doch ein paar Tränen in die Augen. „Aber natürlich, Kind, ich, ich war nur so überrascht. Ich wusste ja nicht ..."

„Was wusstest du nicht? Dass wir alle kommen würden?", fragte Lutz. „Aber das ist doch klar, lass dir mal gratulieren."

Maria war überwältigt. Damit hatte sie nicht mehr gerechnet. Der Nachmittag war schließlich schon halb um.

Es wurde ein wunderschöner Tag. Die Kinder hatten sich so viel einfallen lassen. Sie luden sie in ihr altes Gartencafé ein. Es sah nicht mehr aus wie früher. Viel vornehmer war es geworden.

Alte Familienbilder wurden gezeigt. Und viele Sätze begannen mit: „Weißt du noch ...?“

So viel Liebe wurde ihr entgegengebracht. Fotos wurden gemacht. „Du sollst doch eine Erinnerung an diesen Tag haben.“ Ja, Erinnerungen hatte sie. So viele schöne Erinnerungen.

Als sie nach einem erfüllten Tag wieder ganz allein in ihrer Wohnung saß, erfüllte Glück ihr Herz. Es war so schön gewesen. Viele Lebenssituationen gingen an ihren inneren Augen vorbei – Schönes und Schweres. Ihr fiel wieder ihr Gebet vom Morgen ein. Jesus sollte nicht nur Gast sein. Er sollte immer bei ihr sein.

Die Freude des Tages vermischte sich mit der Freude über ihn.

Der Preis ist zu hoch

Das Portemonnaie war fast leer. Eigentlich wusste sie es. Aber sie zählte trotzdem noch einmal das Geld nach. Für ein paar kleinere Geschenke war es genug.

Vielleicht würden die Kleinigkeiten Felicia ablenken und sie würde gar nicht mehr an die Sandalen denken. Aber Nora wusste, dass das nur ihr eigenes Wunschdenken war. Felicia sprach schon seit Tagen von diesen Sandalen. Ihre beste Freundin hatte so ähnliche. Sie waren pink – mit Blumen und Glitzer.

„Die will ich haben, Mama."

Nora hatte auf das Preisschild geschaut und den Kopf geschüttelt.

„Dann wünsche ich sie mir eben zum Geburtstag, Mama", hatte Felicia erklärt. Und dabei war sie geblieben.

Eigentlich hatte Nora gedacht, dass sie Felicia den Wunsch erfüllen könnte. Aber es war wie so oft. Das Geld reichte hinten und vorn nicht, und jetzt, kurz vor der Monatsmitte, war es sowieso eng.

Ihr Dispo war so gut wie ausgereizt. Sie konnte Felicias Wunschgeschenk nicht kaufen. Ihre Tochter würde enttäuscht sein. Sie war nicht mehr so klein, dass sie sich mit ein paar anderen Geschenken zum Geburtstag ablenken ließ. Heute beim Frühstück hatte sie erklärt: „Morgen ziehe ich in der Schule die neuen Sandalen an."

„Du weißt doch gar nicht, ob du sie überhaupt bekommst", hatte Nora leicht dahingesagt, aber Felicia hatte gelacht. „Ich habe sie mir doch so gewünscht."

Nora biss sich auf die Lippe. Es war schwer, dass man so sparen musste. Aber noch schwerer war es, in die enttäuschten Augen ihrer Tochter sehen zu müssen.

Plötzlich kam ihr ein Gedanke. Und wenn sie, nein, das war unmöglich. Auch wenn sie wenig Geld hatte, sie würde niemals einen Ladendiebstahl begehen. Niemals. Dann lieber auf alles verzichten. Aber ihre Tochter. Die konnte doch nichts dafür. Für sie würde sie alles tun. Nora bekam plötzlich Angst vor ihren eigenen Gedanken.

Ihr Einkaufskorb stand genau unter dem Regal mit den Kinderschuhen. Und plötzlich kam es über sie. Sie stieß leicht mit der Hand gegen die eine Sandale, dann gegen die andere. Unauffällig schaute sie sich um. Es war keine Verkäuferin in der Nähe. Die Sandalen waren ganz unkompliziert in ihren Korb gefallen. Das hätte auch einfach so passieren können – aus Versehen. Die Mutter schaute sich scheu um. Sie hatte das Gefühl, jeder könnte ihr ansehen, was sie gerade tun wollte.

Wie sollte sie aber jetzt mit den Schuhen hier herauskommen? Eine Lichtschranke gab es nicht, das konnte sie sehen. Es war ja nur ein kleines Geschäft. Klein, aber besonders. Sollte es wirklich so leicht sein? Würde sie nur einfach hier aus dem Laden herausspazieren und alles wäre in Ordnung?

Es war ein verlockender Gedanke. Die Mutter schob die Lebensmittel, die sie gekauft hatte, ein wenig über die Schuhe. Tatsächlich, so würde es gehen.

Alles wäre in Ordnung? Während sie das noch dachte, merkte sie schon, dass nichts in Ordnung war. Ihr Inneres lehnte sich auf gegen das, was sie tun wollte.

Plötzlich dachte sie an Gott. Würde er es verstehen? Sie tat es schließlich für ihr Kind. Ja, aber es wäre nicht richtig. Das war klar.

Und auf einmal wusste sie, dass dieses Geschenk einen zu hohen Preis kostete. Ihre Selbstachtung und ihr Gewissen würden verletzt sein.

Und ein weiterer Gedanke nahm Gestalt an: Es wäre besser für ihr Kind, wenn sie die Schuhe zu diesem Preis nicht kaufte. Sie wollte Felicia noch unbefangen in die Augen schauen können.

Die Mutter nahm entschlossen die Sandalen aus dem Korb und stellte sie wieder zurück in das Regal.

„Die sind schön, die Sandalen, nicht wahr?"

Nora fuhr erschrocken herum. Sie hatte die Verkäuferin gar nicht bemerkt. Was wäre gewesen, wenn sie die Schuhe noch im Korb gehabt hätte?

„Was?", fragte sie. „Ja, schön, ja, ja."

„Und so billig", fügte die Verkäuferin hinzu.

„Billig? Billig finde ich sie gerade nicht."

„Aber Sie haben gesehen, dass wir sie reduziert haben, oder? Gerade heute. Wir müssen das Lager mit den Sommerschuhen räumen. Die neue Herbstware kommt schon."

Nora wurde fast schwindelig. „Was kosten sie denn jetzt?", fragte sie.

Die Verkäuferin nannte den Preis. „Ein absolutes Schnäppchen, oder?"

Noras Herz wurde plötzlich ganz leicht. „Ja, ein absolutes Schnäppchen", bestätigte sie. Frohen Mutes nahm sie die Schuhe und ging damit zur Kasse.

Ganz ruhig war sie jetzt. Sie hatte den zu hohen Preis nicht bezahlt. Im doppelten Sinne hatte sie ihn nicht bezahlt.

Mama macht das schon

Sie wollte es allen recht machen. Katja räumte die Küche auf und überlegte, was noch alles zu tun war. Zuerst die Kinderzimmer. Die Kinder schafften es einfach nicht, ihre Zimmer aufzuräumen.

Natürlich, die Großen hatten viel für die Schule zu tun. In der verbleibenden Freizeit wollte sie ihnen dann nicht noch eine Menge anderer Aufgaben zumuten.

Und der Kleine, ihr Nesthäkchen, war noch ein Kindergartenkind. Von ihm konnte sie schließlich nicht erwarten, dass er schon aufräumte. Er war sehr kreativ, baute lange Eisenbahnschienen auf, mit ausgedehnten Landschaften. Doch als Katja heute in sein Zimmer schaute, konnte sie einen Seufzer nicht unterdrücken. Wie sah es denn darin aus?

Sie erinnerte sich. Moritz hatte, bevor sie ihn zum Kindergarten gebracht hatte, gesagt: „Ich spiele Umzug, Mama." Das würde Arbeit kosten, alles wieder in einen ordentlichen Zustand zu versetzen. Wie die Erzieherinnen im Kindergarten die Kinder nur zum Aufräumen brachten? Sie hatte es beobachtet, als sie einmal im Laufe des Vormittags in die Kindergartengruppe gekommen war. Die Kinder räumten auf. Auch Moritz. Er sortierte in der Bauecke die bunten Steine in die Kisten.

„Das tut er zu Hause nicht", hatte sie bedauert.

„Doch, Moritz räumt an und für sich immer gut auf", hatte die Erzieherin gesagt.

Daraufhin hatte Katja sich vor sich selbst entschuldigt: „Na ja, zu Hause ist das was anderes. Klar, dass die Kinder in einer fremden Umgebung mehr mithelfen."

Katja stellte die Kindermöbel an den richtigen Platz. Es war heute viel zu tun in Moritz' Zimmer. Sie musste sich beeilen.

Was war denn noch zu erledigen? Ach ja, Sophia brauchte für den nächsten Tag ein ganz bestimmtes Rechenheft.

Sie hatte sie gefragt: „Warum hast du mir das nicht eher gesagt? Ich war doch gestern in der Stadt."

„Hab ich vergessen, Mama. Aber ich krieg Ärger, wenn ich es morgen nicht habe."

Sie hatte den Kopf geschüttelt. Jetzt musste sie extra noch mal los. Ihr Mann war etwas ärgerlich gewesen. „Mensch, Sophia, du musst Mama so etwas auch eher sagen. Ein bisschen mitdenken." Und dann hatte er im gleichen Atemzug gesagt: „Ach, Katja, das ist mir durchgegangen. Ich wollte ja noch die Versicherung anrufen. Es ist ziemlich dringend. Kannst du das erledigen? Die Akte musst du dir allerdings noch raussuchen. Weißt du, wegen der Einstufung. Wir wollten das doch ändern. Ich muss los. Tschüss, Schatz. Und danke."

Sie würde also noch schnell in die Stadt fahren und die Versicherung anrufen. Sie musste sich mit dem Aufräumen also unbedingt beeilen.

In Nickys Zimmer angekommen, fand sie dort einen zerknautschten Zettel auf dem Tisch. Die Mutter faltete ihn auseinander und begann zu lesen: „Liebe Eltern, wir feiern unser Klassenfest am ..." *Das war ja schon morgen. Warum hatte Nicky nichts davon gesagt?*, dachte sie und las weiter: „Wir bitten die Familien, uns bei den Vorbereitungen für das Fest zu unterstützen. Und dann konnte man ankreuzen: Ich baue mit auf. Ich backe einen Kuchen. Ich helfe beim Aufräumen."

Nickys Name stand oben auf dem Zettel.

Auch das noch. Sie hatte sich eigentlich immer beteiligt. Es war doch gut für die Kinder, wenn die Mütter ihre schulischen Aktivitäten unterstützten. Aber hätte er es nicht früher sagen können? Das war doch sehr kurzfristig.

Das Telefon klingelte. Es war ihre Schwester. „Katja, ich hab doch Montag Geburtstag. Und jetzt muss ich plötzlich genau an dem Tag bis fünf in der Firma arbeiten. Könntest du mir einen oder zwei Salate machen? Und wegen dem Grillen, also, ich hab noch niemanden, der grillt. Fragst du mal Christian? Ich meine, falls du Zeit hast, ich mag doch so gern Nusskuchen. Aber dann brauchst du mir nichts anderes zu schenken, wirklich, das ist Geschenk genug."

Katja überlegte nicht. Sie hörte sich selbst sagen: „Ja sicher, mache ich. Klar, wieder einen Nusskuchen. Ich glaube, der ist ziemlich beliebt."

Als sie den Hörer auflegte, traten Tränen in ihre Augen. Es war, als hätte sie zwei Seiten in sich. Die eine Seite wollte gern alles für die anderen tun. Sie fühlte sich dadurch doch so gebraucht und auch geliebt. Wenn Sophia sie spontan umarmte und sagte: „Du bist die Beste, Mama." Oder Nicky erleichtert war, wenn sie ihm bei den Schulaufgaben half.

Die andere Seite in ihr hatte es so satt. Sie fühlte sich ausgenutzt. Manchmal hatte sie das Gefühl: Wenn jetzt noch einer kommt, der was von mir will, dann schreie ich. Aber das unterdrückte sie meist.

Woher kamen jetzt nur diese Tränen? Sie hatte es doch gut. Eine Familie, die sie brauchte und liebte, und sie war auch im Kindergarten und in der Schule beliebt. Aber diese Stimme in ihr meldete sich. Wieso muss *ich* immer backen? Warum soll *ich* alles erledigen, was Christian vergisst?

Und ihre Familie ließ alles liegen. *Mama macht es schon,* dachten sie.

Manchmal hatte sie richtig Kopfschmerzen, wenn so viel auf einmal kam. Oft war es ihr einfach nur zu viel. „Reiß dich doch ein bisschen zusammen!", ermahnte sie sich dann selbst.

War es nicht lächerlich, nur wegen eines Kuchens zu weinen? Doch es war nicht nur wegen des Kuchens. Es war die ganze Art, die Selbstverständlichkeit, mit der man ihre Dienste benutzte. Sie hatte das Gefühl: „Immer bin ich nur für die anderen da. Ich soll es allen recht machen." Daher kamen ihre Tränen.

Was war nur heute mit ihr los? Das Weinen wollte nicht aufhören.

Katja betete leise. „Gott, ich möchte, dass meine Familie es gut hat. Und ich helfe gerne. Bitte gib mir immer wieder die nötige Kraft dazu. Ich hab leider nicht oft Zeit, mit dir zu reden."

War das nicht ein gutes Gebet? Aber in sich selbst spürte sie: Gerade das war es, was ihr fehlte. Sie war so sehr beschäftigt, dass sie kaum noch Zeit und Kraft zum Beten hatte.

Sie empfand eine nagende Sehnsucht in sich. Eine Sehnsucht nach etwas Ruhe, nach ihrer Beziehung zu Gott. Und auch seinen Wunsch nach einer Beziehung zu ihr. Und dann legte sie ihre innere Liste mit allem, was zu tun war, beiseite und hielt Zwiesprache mit Gott. Sie schaute ganz tief in ihr Herz hinein und dort waren ganz andere Gedanken versteckt. Gedanken, die erst jetzt in ihr Bewusstsein traten.

Warum wollte sie es allen recht machen? Es war schon immer so gewesen, schon als sie ein Kind gewesen war. Sie mochte es eben, überall beliebt zu sein. Und sie half auch gerne, allerdings nur in Maßen.

Genau, in Maßen. Ja, eigentlich wusste sie, dass Moritz fähig war, sein Zimmer aufzuräumen. Und dass sie nicht die Einzige war, die Kuchen backen konnte oder Salate zubereiten.

Sie hatte sich selbst vernachlässigt. Und ihre Beziehung zu Gott. Auf einmal merkte sie: Das war es, was sie brauchte.

Sie spürte, wie Gott sich nach ihrer Liebe sehnte. Wie er ihr Rat geben wollte. Sie wollte es nicht mehr allen Menschen recht machen. Sie wollte es ihm recht machen. Er würde sie nicht ausnutzen. Er würde ihr ein erfülltes Leben geben.

„Gott, ich möchte mehr Zeit mit dir verbringen", nahm sie sich vor.

Katja nahm das Telefon von der Station und wählte die Nummer ihrer Schwester. „Hallo, Nicole, ich rufe nur an wegen des Kuchens und der Salate. Ich hab noch mal überlegt, beides schaffe ich nicht. Vielleicht kannst du noch jemand anderen fragen?"

Das war geschafft. Ein Gefühl der Erleichterung nahm in ihr Platz. Ein kleiner Schritt war getan. Und größere würden folgen, das nahm sie sich fest vor.

Das vergesse ich nie

Rahel war ihre beste Freundin gewesen. Das war einmal. Jetzt nicht mehr.

Sonja hätte nie gedacht, dass ihre Freundin sie einmal so enttäuschen würde. Viele Jahre schon kannte sie Rahel. Sie hatten sich angefreundet und waren durch dick und dünn gegangen. Sie hatten sich alles, na ja, fast alles erzählt. Deshalb hatte sie auch immer mit Rahel darüber geredet, wenn es Schwierigkeiten mit den Kids gab. Und Rahel konnte sich ihr anvertrauen.

Jetzt flossen Tränen. Sie wollte nicht glauben, dass Rahel mit anderen über ihre Probleme gesprochen hatte. Diese Probleme kannte sie doch nur, weil Sonja sich ihr anvertraut hatte.

Aber es musste so sein. Gerade letzte Woche hatten sie darüber geredet, dass Lasse nachts wieder mehrmals in die Hose gemacht hatte. Und das mit sieben Jahren. Sonja hatte es Rahel erzählt und ihre Hilflosigkeit geschildert.

„Ich dachte, Lasse hätte es endlich geschafft. Jetzt fängt das ganze Problem wieder an."

Rahel hatte sie getröstet, aber dann musste sie es im Mini-Club erzählt haben. Eine Nachbarin hatte Sonja darauf angesprochen. „Ich hab von Frau Sandmann gehört, Ihr Großer macht nachts noch in die Hose. Also, bei meinem habe ich das so gemacht ..."

Es war Sonja peinlich gewesen. Am liebsten hätte sie gesagt: „Das geht Sie gar nichts an." Aber das wäre unhöflich gewesen. „Na ja", hatte die Nachbarin zu trösten versucht, „Frau Winter, das ist die Leiterin von unserem Mini-Club, die hat von so einer Klingelhose erzählt. Die soll bei Bettnässern sehr gut helfen."

Sonja war entsetzt. Hatten sie etwa im Mini-Club öffentlich über ihr Problem geredet? Und Rahel wollte ihre Freundin sein? Sonja würde diesen Vertrauensbruch nicht vergessen können. Nie. Sie wollte mit Rahel auch nicht darüber reden. Was würde das bringen? Am besten würde sie auf totalen Abstand gehen. Die Beziehung war sowieso kaputt.

In ihr war eine tiefe Traurigkeit, aber auch Wut. Was würde Rahel sagen, wenn Sonja ihre Probleme in alle Himmelsrichtungen ausposaunen würde? Eigentlich konnte sie das genauso tun, sie wusste schließlich genug über ihre Freundin. Aber was würde das bringen?

Am meisten schockte sie das Ende ihrer Freundschaft. Sie war einfach zu vertrauensselig. Ihr Mann hatte schon öfter gesagt: „Was ihr euch nur stundenlang zu erzählen habt. So was können auch nur Frauen."

Ihr Herz tat so weh. Und in diesen Schmerz hinein stach jetzt noch die Frage: „Willst du Rahel vergeben?" Sie wusste, es war die Stimme von Jesus.

Sie kannte die Stelle aus der Bibel: *Euer Vater im Himmel wird euch vergeben, wenn ihr den Menschen vergebt, die euch Unrecht getan haben* (Matthäus 6,14 Hfa).

Aber ihr Herz wollte nicht. *Warum soll ich den ersten Schritt machen? Rahel hat sich nicht einmal entschuldigt. Warum soll ich ihr dann vergeben? Nein, ich werde das nicht verzeihen, die Sache ist für mich erledigt. Ich werde das auch nie vergessen.*

In ihren Gedanken ging es rund. *Machst du denn alles richtig? Nein, aber ich habe noch nie das Vertrauen eines Menschen missbraucht. Klar, stimmt, Fehler mache ich auch. Deshalb bitte ich um Vergebung, ich weiß schon, dass ich nicht perfekt bin.*

Gleichzeitig wusste Sonja: Es ging nicht um Perfektion. Ihr Problem bestand darin, dass sie nicht vergeben wollte. Gott vergab gern alles, wenn sie ihn darum bat. Aber eine Bedingung war, dass auch sie selbst anderen vergab.

Ihr Herz sträubte sich. Sie wollte nicht – und sie wollte doch. Und dann sprach sie es aus. „Jesus, ich vergebe Rahel, weil du es so willst. Hilf mir, dass mein Herz da mitmacht."

Als es an der Tür klingelte, konnte sie ganz ruhig hingehen. Es war Rahel. Es stieg noch einmal heiß in Sonjas Herzen auf.

„Rahel, ich muss mit dir reden", sprach sie gleich das Problem an. Sie erzählte von der Nachbarin und von ihrer Enttäuschung und dass es ein Vertrauensbruch sei. Sie sprach alles aus und konnte dabei nicht verhindern, dass Tränen in ihre Augen traten.

Ihre Tränen spiegelten sich in den Augen ihrer Freundin wider. Auch Rahels Augen waren feucht. „Ich weiß", sagte sie. „Ich wollte es nicht. Es ist mir einfach so rausgerutscht. Hinterher hätte ich mir auf die Zunge beißen können. Aber die Worte waren schon gesagt. Es tut mir so leid. Echt."

Die beiden schauten sich an und Sonja spürte: Sie hatte vergeben. Es tat noch weh, aber in ihr war Erleichterung. Und noch etwas war geschehen, sie empfand die Nähe Jesu.

Diesen Moment würde sie nie vergessen.

Wo ist das Geld?

Das Geld war weg. Emine schaute noch einmal in ihr Portemonnaie. Sie wusste doch genau, dass sie gestern Abend einen Schein hineingelegt hatte. Jetzt stand sie mitten in der Bäckerei und konnte nicht bezahlen. Das war peinlich und dazu noch ärgerlich.

„Oh, es tut mir leid, ich dachte, ich hätte noch einen Geldschein im Portemonnaie, aber irgendwie ... Können Sie mir die Brötchen zurücklegen? Ich komme dann später noch mal“, sagte sie verlegen.

Die Verkäuferin schaute sie ein bisschen misstrauisch an, aber sie nickte: „Ja, ich lege die Tüte hier neben die Kasse.“

Emine machte sich auf den Heimweg. Wie ärgerlich. Jetzt konnte sie den ganzen Weg noch einmal machen.

War das Geld rausgefallen? Nein, das konnte nicht sein. War etwa ...? In ihrem Herzen wuchs ein Verdacht. Niklas hatte doch noch nie etwas weggenommen. Sie vertraute ihm, oder? Aber wer könnte sonst an ihrem Portemonnaie gewesen sein? Ihr fielen die Fußballbilder ein, die in seinem Zimmer lagen.

Da hat er aber wieder viel Taschengeld ausgegeben, hatte sie gedacht, als sie sein Zimmer sauber gemacht hatte. Auch eine Tüte mit Süßigkeiten hatte dort gelegen.

In ihr wurde der Gedanke immer stärker: *Es war Niklas. Er*

hat das Geld genommen. Sich Süßigkeiten und Bildchen davon gekauft. Er war es. Ich muss ihn zur Rede stellen.

Als sie nach Hause kam, war sie schon fast davon überzeugt, dass Niklas den Geldschein genommen hatte. Ihr Sohn saß am Frühstückstisch. Und ihr Mann war vom Joggen zurück, sie hörte das Wasser der Dusche im Bad.

„Endlich, Mama, hast du auch Croissants mitgebracht?", fragte Niklas.

Sie schaute ihren Sohn an. „Nein", sagte sie scharf, „da mein Portemonnaie leer war, konnte ich keine Brötchen kaufen. Anscheinend konnte jemand aus der Familie das Geld gut gebrauchen. Ich weiß nämlich genau, dass ich es gestern reingetan habe."

So vehement hatte sie nicht antworten wollen. Manchmal platzte sie eben einfach mit ihren Gedanken heraus. Aber sie schien richtigzuliegen. Der Gesichtsausdruck ihres Kindes verwandelte sich in Unsicherheit. Niklas wurde rot.

„Und, Niklas, hast du mir was zu sagen?"

„Du glaubst doch nicht etwa, dass ich das Geld genommen habe, Mama?"

„Was soll ich denn glauben?", gab sie zurück. „In deinem Zimmer liegen neue Bilder und eine große Tüte mit Süßigkeiten, und mein Geld ist weg."

„Aber Mama, du kannst mich doch nicht einfach so verdächtigen!" Niklas sprang auf und verließ den Raum. Die Tür schlug laut hinter ihm zu.

„Was ist denn hier für ein Krach?" Emines Mann kam gut gelaunt in die Küche. „Du, ich hab Brötchen mitgebracht. Ich fand mein Portemonnaie nicht, da habe ich ..."

„Oh nein", stieß Emine hervor.

Ihr Mann sah sie verständnislos an. Sie schüttelte den Kopf. Es tat ihr so leid, dass sie ihren Sohn verdächtigt hatte. Was konnte sie nun tun?

Sie klopfte an seine Zimmertür. „Niklas, kann ich reinkommen?“

Keine Antwort. Sie öffnete leise die Tür. Niklas lag auf seinem Bett. Er schaute sie misstrauisch an. „Lass mich in Ruhe, Mama! Du denkst, ich hätte geklaut. Du fragst nicht mal richtig nach und verdächtigst mich einfach.“

Zu Recht war er beleidigt. Nicht nur beleidigt, sondern auch enttäuscht.

Emine setzte sich auf die Bettkante. „Es tut mir so leid, Niklas, bitte entschuldige. Ich hätte wissen müssen, dass du mir nichts wegnimmst. Ich hab dir Unrecht getan.“

Über das Gesicht ihres Sohnes zog zuerst Trotz, dann verzog er seinen Mund. „Oh, Mama, du bist aber auch manchmal ganz schön schwierig“, sagte er und schaute sie direkt dabei an.

Wieder einmal nahm Emine sich vor, nicht so schnell zu reagieren.

Ich schaffe es immer noch nicht, Gott, betete sie im Stillen. *Ich schaffe es nur mit deiner Hilfe.*

Die versteckte Herzenskammer

Es sollte ein schöner Tag werden, ein Festtag. Sogar die Sonne machte mit. Aber in Carmens Herzen regten sich gemischte Gefühle. Heute würde Nina in den Kindergarten kommen.

Natürlich, es würde gut für ihr Kind sein. Ja, sie wollte, dass Nina Kontakt mit gleichaltrigen Kindern hatte, dass sie gefördert wurde und Freunde fand. Ihr Kopf sagte, dass es der richtige Entschluss sei. Aber in ihrem Herzen befand sich eine winzige Kammer, in der sie fühlte: Mein Kind geht die ersten Schritte von mir weg. Ich weiß nicht mehr alles, was Nina begegnet. Ich weiß nicht, ob die Erzieherin sich in sie hineinfühlen kann. Ob sie ihre sensible Art versteht. Ob es vielleicht Kinder gibt, die meine Tochter ärgern oder erschrecken.

Und da war noch ein weiterer Gedanke, der sich ganz hinten in dieser Kammer versteckte: Ich möchte, dass sie mich noch braucht. Ich will sie bei mir haben. Ich möchte die wichtigste Person in ihrem Leben sein.

Carmen konnte die Gedanken nicht voneinander trennen. All ihre Befürchtungen gingen ihr durch den Kopf, als sie sich bemühte, ein fröhliches Gesicht zu machen.

Nina war schon ganz aufgeregt. Als ihr Papa sich von ihr verabschiedete, sagte sie: „Ich bin jetzt ein richtig großes Kindergartenkind."

„Genau", bestätigte ihr Mann. „Ich wünsche dir einen ganz tollen Kindergartentag."

Für ihn war diese Veränderung gar nicht so wichtig. Klar, er war ja den ganzen Tag über weg. „Sei doch froh, wenn sie selbstständig wird", sagte er immer, wenn seine Frau mit ihm über ihre Ängste sprach.

Das war sie ja auch, wirklich. Aber ihre gemischten Gefühle konnte sie einfach nicht ablegen, als sie die neue Kindergartengruppe betraten. Und auch Ninas Fröhlichkeit war plötzlich wie weggewischt. Sie umklammerte die Hand ihrer Mutter, als sie die vielen fremden Kinder sah.

Carmen wusste: Jetzt kommt es darauf an, dass ich meinem Kind eine positive Erwartung vermittele. Das hatte sie sich auch fest vorgenommen. Aber ein versteckter Gedanke in ihrem Herzen flüsterte ihr zu. „Siehst du, wie sie dich braucht? Ist es nicht doch noch zu früh?"

Jetzt kam die Erzieherin auf sie zu. „Hallo Nina, schön, dass du da bist."

Nina schmiegte sich an ihre Mama.

Carmen strich ihr beruhigend über den Kopf. Würde ihre Tochter weinen? Aber sie war ja da, ihre Mutter. Sie würde sie trösten. Und wenn es gar nicht ging, konnte sie Nina schließlich wieder mit nach Hause nehmen.

„Na, Nina, bist du jetzt auch im Kindergarten? Komm, wir spielen in der Puppenecke." Das war Luisa. Die beiden Mädchen kannten sich schon von der Mutter-Kind-Gruppe. Ihre Tochter löste sich von ihrer Hand.

Carmen sagte: „So, mein Schatz, spiel schön. Ich hole dich heute Mittag ab."

Sie konnte es kaum glauben, dass Nina sich wirklich so schnell von ihr lösen würde. Eine kleine Weile blieb sie noch im Gespräch mit der Erzieherin stehen. Bestimmt würde Nina gleich fragen, wo ihre Mama wäre. Und sie hätte dann Angst.

Carmen hatte sich extra nichts vorgenommen, um an diesem Tag für Nina zur Verfügung zu stehen, falls sie sie brauchte. Aber das war nicht so. Nina fand schnell Anschluss bei den anderen Kindern.

Jetzt musste sie gehen. Freude und Stolz auf ihre Tochter mischten sich mit einem leichten Gefühl der Enttäuschung. So schnell löste sich Nina von ihr. So schnell war sie nicht mehr wichtig. Damit hatte sie nicht gerechnet. Ihre Augen wurden feucht.

Sie würde doch nicht weinen. Aber diese Leere in ihr blieb. Sie konnte sie nicht einfach abschütteln. Deshalb suchte sie Zuflucht in einem Gebet: „Gott, hilf mir. Ich sollte froh sein, aber diese vielen Gefühle sind einfach in mir."

Während sie so betete, hatte sie das Gefühl, dass Gott sie nicht verstand. Das Herz einer Mutter war manchmal ziemlich unergründlich.

„Lass sie los!" Diese Aufforderung Gottes empfand sie in ihrem Herzen.

Du hast gut reden, dachte sie. Und gleich darauf wusste sie: Ja, er hatte gut reden. Er hatte seinen geliebten Sohn losgelassen. Und nicht einfach nur in einen Kindergarten hinein, sondern in eine Welt, die ihn brauchte. Wenn einer wusste, was loslassen heißt, dann war es wohl Gott.

Wie er das gekonnt hatte. Seinen Sohn loszulassen, ihn am Kreuz die Schuld der Menschen tragen zu lassen, damit sie Vergebung bekommen konnten, wenn sie darum baten. Das hätte sie nicht gekonnt. Das war einzigartig. Das war Liebe.

Ein Gedanke nahm in ihr Gestalt an. *Du hast das alles für mich getan. Und für mein Kind. Weil wir dich brauchen. Wenn jemand mich versteht, dann du.* Und auf einmal hatte sie eine Idee, für die bisher noch kein Raum gewesen war. Sie hatte jetzt morgens mehr Zeit, wenn Nina im Kindergarten war, deshalb bat sie Gott: „Zeige mir Menschen, die mich brauchen. Du hast so viel für mich getan. Ich würde gerne etwas für dich tun."

Die Leere in ihr verschwand hinter einem neuen Ziel. Die komischen Gedanken in der kleinen Herzenskammer wurden ersetzt durch Vertrauen. Der, der das für sie getan hatte, würde auch nach Nina schauen, wenn sie nicht bei ihr war.

Die kleine Kindergartentüte in ihrer Tasche, die Nina bekommen sollte, wenn sie sie wieder abholte, erhielt plötzlich eine neue Symbolik auch für sie. Sie bedeutete: Loslassen, sich freuen, dass ihr Kind selbstständig wurde, und Zeit zu haben für neue Aufgaben. Gott würde sie ihr zeigen. Sie wurde gebraucht. Sie war wichtig.

Theater im Supermarkt

Susan hatte es sich fest vorgenommen. Sie würde Vanessa nicht mehr mit zum Einkaufen nehmen. Nicht in der Phase, in der sich ihr Kind im Moment befand.

Es war schon ein paar Mal vorgekommen, dass Vanessa den ganzen Laden zusammengeschrien hatte, wenn Susan nicht das kaufte, was das Kind wollte. Und dann die Reaktionen der anderen Erwachsenen.

Ein Mann hatte einmal vor sich hin gemurmelt: „So ein Theater hätten meine mal machen sollen. Die hätten was hintendrauf gekriegt." Dann hatte er kopfschüttelnd gesagt: „Die Kinder heute ..."

Noch schlimmer war es, wenn die Leute mitleidig auf ihr Kind schauten. „Was ist das denn für eine Mutter, die kann sich ja gar nicht durchsetzen", schienen die Blicke zu sagen. Oder sie las in ihren Gesichtern: „Warum sie dem Kind wohl nicht die Bonbons kauft? Meine Güte, so ein paar Gummibärchen können doch nicht schaden."

Eine Frau hatte sogar angeboten, dass sie die Bonbons bezahlen könnte. Als ob es darum ginge.

Susan wollte das alles nicht. Sie wollte ihr Kind nicht schlagen, sich aber auch nicht erpressen lassen. Sie konnte es auch nicht leiden, dass sich jemand in ihre Erziehung einmischte.

Und auch noch etwas anderes wollte sie nicht, sie wollte nicht auffallen, sich nicht der Kritik oder dem Mitleid anderer preisgeben. Deshalb hatte sie immer abends eingekauft, wenn ihr Mann zu Hause war. Aber heute ging das nicht. Heute brauchte sie dringend ein paar Dinge aus dem Supermarkt. Deshalb versuchte sie, ihre Tochter vorher auf den Einkauf vorzubereiten.

Sie sagte zu ihr: „Ich kann dir nichts kaufen. Und ich möchte, dass du nicht schreist. Mach bloß nicht wieder so ein Theater."

Und trotzdem trat das, was sie befürchtet hatte, ein. Kaum befanden sie sich in der Nähe der Süßigkeiten, ging das Quengeln auch schon los: „Mama, ich will ...", und dann das Geheule und zum Schluss das laute Schreien.

Susan versuchte, ruhig zu bleiben, aber auch konsequent. Schon begann sie zu schwitzen. *Schnell zur Kasse!*, entschloss sie sich.

Da trat ihr eine weißhaarige Frau in den Weg. „Toll, wie Sie das machen", sagte sie. „Ich bewundere die jungen Mütter. Sie bleiben ruhig und sind trotzdem konsequent. Ich glaube, Sie sind eine gute Mutter."

Damit hatte Susan nicht gerechnet. Fast traten ihr Tränen in die Augen.

„Danke", sagte sie und verzog den Mund. „Danke, dass Sie das sagen."

Ruhe und ein wohliges Gefühl breiteten sich in ihr aus.

Es war, als hätte Gott sie durch diese freundliche Dame ermutigt.

Das schönste Geschenk

Jessica konnte kaum mit ihrer kleinen Tochter Schritt halten. Laras Gesichtchen war ganz rot vor Aufregung und ihre Augen funkelten wie kleine Sterne. In ihrer Hand hielt sie einen Geldschein. Gestern hatten sich Lara und ihr Papa im Wohnzimmer eingeschlossen und ganz feierlich mit einem kleinen Schlüssel Laras Sparschwein geöffnet.

Sie war ganz aufgeregt gewesen: „Nicht gucken, Mama, du darfst nicht reinkommen. Papa und ich schauen mal nach, wie viel Geld ich habe, und dann kaufe ich dir ein ganz schönes Geschenk zu Weihnachten."

In den Tagen davor hatte sie das Schweinchen immer wieder hochgehoben und erklärt: „Ich hab ganz schön viel Geld, Mama. Du wirst dich wundern, was du von mir zu Weihnachten bekommst."

All die kleinen Münzen hatte ihr Mann in zwei Scheine umgetauscht. Und einen dieser Scheine hielt Lara jetzt fest in ihrer Hand.

Sie hatten ausgemacht, dass sie, Jessica, vor einem Geschäft warten würde, damit Lara in Ruhe ein Geschenk kaufen konnte. Mit ihren fünf Jahren konnte sie natürlich noch nicht allein in die Stadt gehen.

Lara steuerte auf ein Geschäft zu, das sie beim letzten Einkauf entdeckt hatte. Dort gab es allerhand bunte Dekogegenstände, Tiere und Herzchen, Plüsch und Kitsch.

Jessica lächelte. Da würde sie sicher etwas in Rosa bekommen. In Rosa oder Pink. Gleichzeitig war ihr Herz warm, weil sie die Liebe ihrer Tochter spürte.

„Also, Mama", gab Lara ihre Anweisungen, „du wartest hier auf der Bank. Ich gehe ganz allein in das Geschäft. Aber nicht weggehen, sonst finde ich dich nicht wieder. Schön hier sitzen bleiben!"

Die Kleine sprach, als wären an diesem Tag die Rollen vertauscht und nahm den Tonfall an, in dem Jessica sonst häufig mit ihr sprach.

„Ist gut, Lara, ich bleibe schön hier sitzen", antwortete sie.

Ihre Tochter ging auf das Geschäft zu. Sie drehte sich noch einmal um und lächelte in der Gewissheit ihres großen Geheimnisses.

Jessica schaute sich um. Schön war es, hier in die festlich geschmückten Schaufenster zu schauen und auf ihr kleines Mädchen mit dem liebevollen Herzen zu warten.

Der Einkauf dauerte länger, als Jessica gedacht hatte. Sie schaute schon auf die Uhr, aber da kam Lara mit geheimnisvollem Gesicht aus dem Laden. In der Hand hielt sie eine sehr große Tüte.

Oh, dachte Jessica, *das ist aber ein großes Geschenk, wo bringe ich das bloß unter?* Doch sie lächelte ihre kleine Tochter an und sagte: „So eine Riesentüte? Alles da drin ist ganz allein für mich?"

In diesem Moment passierte es. Lara hatte wohl nicht daran gedacht, dass sie etwas Zerbrechliches gekauft hatte. Und die Verkäuferin schien es auch nicht sehr bruchsicher eingepackt zu haben.

Jedenfalls gab es einen hässlichen Knacks, als Lara die Tüte fest auf den Boden stellte. Beide hatten es gehört. Jessicas Gesichtsausdruck veränderte sich. Sie bekam einen Schreck. War nicht in diesem Moment die Vorfreude ihres Kindes zerbrochen? Und Lara? Ihr Mund verzog sich.

„Oh, was war das?“, fragte sie. In ihrer Stimme lag schon eine ängstliche Ahnung, dass etwas kaputtgegangen war. Sie schaute in die Tüte und ... Tränen schossen in ihre Augen. „Nein“, weinte sie, „jetzt ist mein ganzes Geschenk kaputt. Das war so schön.“

Nun versteckte sie die Überraschung nicht mehr vor ihrer Mutter. Jessica schaute in die Tüte. Ein großer rosafarbener Schwan war es. Sein Porzellanhals war wohl sehr dünn gewesen und jetzt abgebrochen. Das würde man nicht mehr kleben können.

Mit dem, was jetzt geschah, hatte Jessica nicht gerechnet. Lara begann laut zu weinen. Sie schluchzte, als sei etwas Furchtbares passiert. Nichts konnte sie trösten. Jessica sagte: „Komm, ich gebe dir noch einmal Geld, dann kannst du etwas Neues kaufen.“

Aber das wollte Lara nicht. Sie ließ sich nicht beruhigen.

Plötzlich fiel Jessica etwas ein. „Danke, für dein schönes Geschenk“, sagte sie.

Lara schaute sie mit tränennassen Augen an. „Mein Geschenk? Ich hab doch kein Geschenk, nur etwas Kaputtes“, sagte sie.

Jessica nahm ihr Kind ganz fest in die Arme, mitten im Gewühl der Menschen und fuhr fort: „Natürlich hast du mir etwas geschenkt, etwas, was man nicht sehen kann. Man kann es nur spüren.“

In Laras Traurigkeit mischte sich ein kleines bisschen Neugierde. „Was denn?“, fragte sie, die Worte durch Schluchzen unterbrochen.

„Du hast mir Liebe geschenkt“, sagte Jessica. „Und Liebe ist das allerschönste Geschenk.“

Lara schaute sie mit weit geöffneten Augen an. Sie lag jetzt ganz still im Arm ihrer Mutter. Nur noch ein kleines Schniefen erinnerte an ihren großen Schmerz. „Ich hab dich ja auch lieb", sagte sie.

Jessica nahm die Tüte. „Ich habe eine Idee", sagte sie. „Wir nehmen den Schwan mit nach Hause. Immer, wenn ich ihn anschaue, denke ich daran, dass du mich lieb hast. Dann habe ich ein tolles Weihnachtsgeschenk."

Die Kleine lächelte ein wenig. „Echt, Mama?", fragte sie.

„Ja, echt", antwortete Jessica und meinte es auch so.

Als sie am Abend noch einmal an den Tag zurückdachte, kam ihr ein Gedanke. Sie holte die Tüte mit dem Schwan und nahm eine kleine Scherbe aus der Tüte. Diese Scherbe nahm sie mit in das festlich geschmückte Wohnzimmer und legte sie in die Krippe. Es war ihr, als würde sie Jesus damit ein ganz besonderes Geschenk machen. Jesus, dem sie ihre Liebe zeigen wollte. Jesus, dem sie all das, was in ihrem Leben zerbrochen war, bringen wollte. Jesus, der sie immer liebte, der ihr gern vergab. Ihm wollte sie ihre Liebe bringen.

Beim Friseur

„Darf ich Ihnen etwas zu trinken anbieten?“

Claudia war mit ihren Gedanken ganz woanders. „Wie bitte? Ja, ja, gerne“, antwortete sie.

Es tat gut, einfach mal beim Friseur zu sitzen und sich verwöhnen zu lassen. Klar, sie würde selbst föhnen, damit es billiger wurde. Aber mal wieder eine ordentliche Frisur, neue blonde Strähnchen, einfach gut aussehen, das brauchte sie. Sie würde diese zwei Stunden genießen und zur Ruhe kommen. Sie wollte mal abschalten, nicht daran denken, was die Kinder gerade machten, ob es klappte, dass sie auf die Oma hörten.

Claudia schaute sich im Spiegel an. Sie hatte sich in letzter Zeit etwas vernachlässigt. Im hellen Licht des Salons fiel ihr das besonders auf. Neben ihr saß eine Frau, die auf das Perfekteste gestylt war. Weiße Hose, modernes Top, gut sah sie aus. Die Nägel waren gepflegt und lackiert, jetzt ließ sie anscheinend noch eine Kosmetikbehandlung machen.

Claudia seufzte ein bisschen. Früher hatte sie mehr auf sich geachtet. Jetzt schaffte sie es oft nicht mal, sich zu schminken oder sich die neuesten Klamotten zuzulegen. Zum einen hatte sie nur wenig Zeit, denn schließlich hatte sie ein Kindergartenkind, und dazu noch eigentlich zwei Kleinkinder. Ina war zwar schon fast drei, brauchte aber auch noch Windeln. Und Josi war erst zehn Monate alt. Gut, dass Leni wenigstens morgens im Kindergarten war. Aber es war schon sehr anstrengend mit drei kleinen Kindern.

Und dann war natürlich auch das Geld knapper geworden. Für eine Familie wurde immer dies und das gebraucht. Früher hatte sie sich viel schneller mal etwas Neues gekauft.

„Wünschen Sie auch eine Kosmetikbehandlung?", fragte Janina in ihre Gedanken hinein. Sie ging immer zu Janina, die wusste am besten, wie sie die Haare haben wollte.

Claudia lehnte dankend ab und nahm eine Zeitschrift zur Hand. Sie las die Überschrift: „Das trägt man in diesem Sommer." Schön sah die weiße Hose aus und auch das Top dazu. Claudia schaute auf die Beschreibung und stutzte. Was? Das musste wohl ein Druckfehler sein. So viel Geld für ein Top? Jetzt schaute sie auf die anderen angegebenen Preise. Doch, es stimmte. Alle Preise lagen so hoch.

Und dann die Beschreibung: Eine weiße Hose ist in diesem Sommer ein Muss. Claudia seufzte leise. Eine weiße Hose würde bei ihr im Nu viele Spuren von kleinen Fingerabdrücken haben.

Ihre Welt sah anders aus – finanziell und auch sonst. Sie kam im Moment nicht mehr viel raus. Ihr Leben hatte sich ziemlich verändert. Sie liebte ihre Kids von Herzen, aber manchmal war es nicht leicht für sie, sich so umzustellen. Im Beruf war sie immer anerkannt gewesen, doch jetzt hatte sie manchmal das Gefühl, dass keiner sah, was sie alles zu tun hatte.

Ich sehe es, hörte sie eine kleine feine Stimme in ihrem Herzen. *Ich sehe es, wie du dich um die Kinder kümmerst, wie du sie liebst, wie du ihnen von mir erzählst. Mir entgeht nichts davon. Kinder haben für mich einen besonderen Stellenwert, weißt du das noch?*

Claudia fiel eine Geschichte aus der Bibel ein, die sie manchmal ihren Kids vorlas. „Jesus segnet die Kinder“, hieß sie. Ja, das stimmte. Jesus stellte Kinder in die Mitte.

Ein warmes Gefühl durchflutete sie. Es war wichtig, was sie tat. Eigentlich wusste sie das, aber manchmal – na ja.

Die Frau neben ihr erzählte jetzt von verschiedenen Urlauben auf wunderschönen Inseln, die Claudia nur vom Hörensagen kannte. Von Wellness-Behandlungen, wo man gut essen konnte und wie das Hotel geführt wurde, in dem sie gewohnt hatte.

Aber jetzt unterbrach sie ihr Gespräch. Sie schaute zur Tür.

„Mama“, rief eine kleine Stimme.

Dort stand ihre Mutter mit Leni und Ina an der Hand. Der Kleine lag im Kinderwagen.

„Mama, wir gehen mit Oma einkaufen, sie kauft uns was Schönes“, sprudelte Leni hervor. „Wir wollten nur mal eben nach dir gucken.“

„Mama soll mitkommen“, erklärte Ina und wollte auf ihren Schoß klettern.

„Haben Sie niedliche Kinder“, lächelte Janina. „Wie heißt der Kleine noch mal? Josi, oder? Ist der süß. Und auch die Mädchen.“

Die Frau neben ihr lächelte auch. „Genießen Sie die Zeit, in der die Kinder klein sind“, sagte sie. „Ich habe auch zwei Kinder, aber sie sind inzwischen erwachsen. Die Zeit mit ihnen, als sie so klein waren, war die schönste in meinem Leben.“

„Ja“, sagte Claudia, „ich genieße die Zeit. Ich versuche es zumindest.“

Das kleine Herz

Der Schmerz war zu groß für sein kleines Herz. Er vermisste seine Oma so sehr. Nicht nur, dass sie ihm vorgelesen hatte, ihm den ein oder anderen Wunsch erfüllt und ihm leckeren Pudding gekocht hatte. Nein, sie war seine Oma gewesen mit dem großen Herzen voller Liebe. Mit all seinen kleinen und großen Kümmernissen hatte er zu ihr kommen können. Sie hatte sich in seine Fantasiespiele eingefühlt und seine Kinderwelt verstanden. Seine Oma hatte immer Zeit gehabt.

Der kleine Junge empfand einen unendlichen Schmerz. Den Verlust begriff er noch nicht so richtig, aber er wusste, dass Oma nicht mehr in der Wohnung über ihnen wohnte. Sie war weggefahren worden – in einem schwarzen Wagen.

„Oma ist tot“, hatte seine Mutter gesagt. Tränen waren dabei über ihr Gesicht gelaufen.

Louis fühlte einen kalten Schreck in sich. „Mama, wo ist Oma jetzt?“, hatte er gefragt.

Es zerschnitt Sandras Herz, als sie ihren Sohn so leiden sah. Sie liebte ihn, aber auch ihr eigener Schmerz war groß. Sie meinte immer noch, die Stimme ihrer Mutter zu hören.

„Was ist denn hier los? Warum weint ihr denn?“, hätte sie gefragt, wenn sie ihre Lieben jetzt gesehen hätte. Aber sie war nicht mehr da. Sie konnte nicht mehr trösten.

„Mama, ist Oma jetzt im Himmel?", fragte der Kleine. „Gibt es denn da ein weiches Bett für sie? Oder schläft sie auf einer Wolke?"

Louis rührte an einen sensiblen Punkt. Der Tod ihrer Mutter hatte der jungen Frau die Zerbrechlichkeit des Lebens vor Augen geführt. Ihre Mutter war bestimmt im Himmel. Sie hatte doch so fest geglaubt. Sie war bei ihr gewesen, zuletzt.

„Sandra, grüß den Jungen. Ich hab euch lieb", hatte sie noch gesagt. Dann hatte sich ein friedvoller Ausdruck auf das Gesicht ihrer Mutter gelegt.

Ja, wenn es einen Gott gab, dann war ihre Mutter jetzt bei ihm. Das glaubte Sandra ganz fest. In den letzten Jahren hatte sie manchmal über den kindlichen Glauben ihrer Mutter ein wenig gelächelt, aber jetzt kam ihr dieser Glaube beneidenswert vor.

Jetzt ist Mama nicht mehr da, ich kann sie nichts mehr fragen. Sie hätte mir helfen können, zu glauben, schoss es ihr durch den Kopf. *Und Louis, ich kann ihm auf seine Frage, was nach dem Tod kommt, keine Antwort geben. Ich weiß ja selbst nicht, was ich glauben soll.*

Ganz automatisch strich Sandra ihrem Jungen über den Kopf. „Ja, Oma ist jetzt bei Gott. Aber das ist nicht in den Wolken." Damit war sie mit ihren Erklärungen auch schon am Ende.

Louis schaute sie an. Ob er ihre Unsicherheit spürte?

Sandra lief die Treppe hinauf in die Wohnung ihrer Mutter. Dort war alles noch unverändert. Es war, als sei sie nur kurz weggegangen.

Sandra setzte sich an das Bett ihrer Mutter, so wie sie es oft getan hatte in den letzten Wochen. Sie strich über ihr Kopfkissen. Dabei berührten ihre Hände etwas Festes unter dem Kissen. Sie zog ein Buch hervor. Es war die Bibel ihrer Mutter. Sandra strich mit der Hand darüber. Sie würde die Bibel mit herunternehmen. Sie blätterte ein wenig durch die Seiten und sah, dass viele Sätze unterstrichen waren. Ein Satz fiel ihr besonders ins Auge:

> *Denn Gott hat die Menschen so sehr geliebt, dass er seinen einzigen Sohn für sie hergab. Jeder, der an ihn glaubt, wird nicht zugrunde gehen, sondern das ewige Leben haben.* (Johannes 3,16 Hfa)

Sie konnte sich später selbst nicht erklären, was nun passierte. Es war, als ob sie vor ihrem inneren Auge in der Bibel ihrer Mutter auf einmal ihren Namen geschrieben sah. „Denn Gott hat *Sandra* so sehr geliebt ..."

Sie schloss die Augen und sprach ihr erstes Gebet seit Jahren. „Vergib. Ich glaube an dich." Zum ersten Mal in ihrem Leben sprach sie zu Jesus, dem Sohn Gottes. Es war ein besonderer Moment.

Sie empfand einen wunderbaren Trost. Es war, als hätte ihre Mutter ihr mit ihrer Bibel ein besonderes Vermächtnis hinterlassen. Jetzt würde sie auch Louis besser erklären können, wo seine Oma war.

Vielleicht konnte sie dazu beitragen, dass auch das kleine Herz ihres Sohnes im großen Herzen Gottes Trost finden konnte.

Ruhe im Sturm

Es war schwer. Fast so schwer, wie die Trennung gewesen war.

Alles in ihr tat immer noch weh. Fast ein Jahr war es her, dass Chantal gemerkt hatte, dass zwischen ihr und ihrem Mann etwas anders geworden war. Sie hatte gefühlt, dass er sich veränderte. Ihr gegenüber, dem Kind gegenüber. Alle Versuche, ihre Ehe zu retten, hatten nichts mehr gebracht. Die andere war schon da gewesen. Er wollte nicht mehr. Sie hatte ihre Familie nicht retten können.

Zu Anfang war sie in ein tiefes Loch gestürzt. Nur der Gedanke an ihre Tochter hatte Chantal geholfen, jeden Morgen aufzustehen und den Tag zu bewältigen.

Joy hatten sie die Kleine genannt. Freude. Es war eine glückliche Zeit gewesen, damals. Nie hatte sie damit gerechnet, dass ihre Ehe eines Tages zu Ende sein würde.

Ein tiefer Hass war in Chantal gewachsen, als ihr Mann sie verließ. Ein Hass auf die andere, auf ihren Mann, auf das Leben. Aber dann hatte sich etwas verändert. In ihrer Suche nach einem Lebenssinn hatte sie den Glauben entdeckt. Gott war vorher für sie ganz weit weg gewesen. Und Jesus erst recht. Aber in einer ganz dunklen Stunde hatte sie plötzlich gewusst, dass er da war, sie festhielt, ihr vergeben wollte.

Eine neue Freude war in ihr gewachsen. Sie hatte ihn immer besser kennengelernt. Und nun wusste Chantal, was sie tun sollte. Aber sie hatte Angst vor dem Schmerz.

Sie hatte erkannt, dass sie René vergeben musste. Doch das war so schwer, als ob sie die Trennung noch einmal durchleben würde. Alles in ihr wehrte sich dagegen. Nur ganz tief in ihrer Seele wusste sie: Das würde ihr Freiheit geben.

Das war es, was Gott von ihr wollte. Sie hatte Gott um Vergebung gebeten. Also war es nur richtig, dass auch sie René vergab, das wusste sie.

Ich kann das nicht!, schrie es in ihr.

Ein Sturm tobte in Chantals Innerem. Die großen Verletzungen schmerzten erneut. Was hatte René ihr angetan? Ihr Leben zerstört.

Doch plötzlich trat eine Ruhe mitten in den Sturm ihrer Empfindungen. Sie spürte, wie eine Kraft in sie hineinkam, die sie nicht hervorgebracht hatte.

Und dann sprach sie es aus, auch wenn sie es nicht fühlte: „Ich vergebe dir, René."

Ein tiefer Friede durchflutete sie. Sie wusste, dass noch ein langer Weg vor ihr lag. Aber sie würde ihn mit kleinen Schritten gehen.

„Mami, wann ist Samstag? Kommt Papa mich holen?", unterbrach eine helle Stimme ihre Gedanken.

Joy schaute ihre Mutter an. Irgendetwas musste ihre Erinnerung geweckt haben.

„Streitet ihr dann wieder?", fragte sie.

Diese Frage stach Chantal mitten ins Herz. Sie wusste, wie sehr Joy darunter litt, wenn sie Auseinandersetzungen hatten. Sie nahm die Kleine auf ihren Schoß.

„Ich glaube, es wird besser werden", sagte sie und drückte das Kind an sich.

Eine winzige Freude keimte in ihr auf. Sie hatte ihr Kind,

ihre Joy, ihre Freude. Und sie brachte wirklich Freude in ihr Leben. Das konnte ihr niemand nehmen. Doch jetzt gab es noch einen weiteren Freudenbringer in ihrem Leben, ihren Gott. Er hatte ihr vergeben. Er würde ihr helfen. Auch wenn es nicht leicht war. Er würde da sein.

Ich kann mir das nicht leisten

Schon seit einigen Monaten ging sie mit ihren Kindern in diese Gruppe. Die Kids fühlten sich wohl und sie auch. Man verstand sich untereinander, die Kinder hatten Spaß und auch ein wenig Kontakt nach außen, bevor sie in den Kindergarten kamen.

Ihre beiden waren Zwillinge und wurden oft bestaunt.

„Wie niedlich!"

„Sind sie eineiig?"

„Wie kamst du denn zurecht, als sie noch Babys waren?"

Andrea mochte es. Es war schön, auch mal so im Mittelpunkt des Interesses zu stehen. Sie war jetzt zwei Jahre lang wenig rausgekommen, weil die Zwillinge sie doch ganz schön forderten.

Die Gruppe gefiel ihr. Und dennoch, es gab einen Haken. Die anderen Mütter schienen alle nicht so mit ihrem Geld rechnen zu müssen wie sie. Ihr Mann verdiente zwar nicht schlecht, aber sie selbst hatte seit der Geburt ihrer Zwillinge Elternzeit genommen. Sie mussten sich jetzt finanziell einfach anders einrichten.

Die anderen Mütter gingen doch auch nicht alle arbeiten. Wie machten die das nur? Es wurde immer wieder für die unterschiedlichsten Anlässe gesammelt. Für Kindergeburtstage, oder, wie vor Kurzem, als eine der Mütter heiratete. Das wurde groß gefeiert. Lustig sah es aus, wie die eigene Tochter Blumen streute.

Da war natürlich auch wieder Geld für ein Geschenk gesammelt worden. Es war leider nicht so, dass man einfach eine Dose hinstellte, und jeder tat rein, was er gerne beisteuern wollte. Nein, meistens wurde ein Betrag festgelegt und eine der Mütter sammelte ihn dann ein.

Andrea war letztes Mal nicht in die Gruppe gegangen, weil sie gewusst hatte, dass wieder Geld zusammengelegt wurde. „Ich gehe nächstes Mal wieder", hatte sie sich selbst getröstet.

Doch jetzt sprach eine der Frauen sie an: „Ach, hallo, Andrea. Wir haben letzte Woche für Xenias Geburtstag Geld zusammengelegt. Aber du kannst dich noch beteiligen, ich hab das Geld für dich vorgestreckt."

Die Mutter lächelte, doch es war ein etwas schiefes Lächeln. Sie wollte sich nichts anmerken lassen. Nur, wenn das so weiterging ...

„Übrigens, ein Vorschlag an uns alle", fuhr eine andere Mutter fort, „es wäre doch schön, wenn wir im Sommer im Garten ein Planschbecken für die Kids hätten, oder? Ich hab einen tollen Katalog mitgebracht, wollt ihr mal schauen? Es ist nicht ganz billig, aber wenn wir alle zusammenlegen ..."

Jetzt nannte sie einen Betrag, der Andrea erschrecken ließ. Sie teilte ihn in Gedanken durch die Anzahl der Teilnehmer.

„Also, wenn wir das Planschbecken jetzt schon kaufen, wird es billiger. Man bekommt nämlich im Moment zehn Prozent, aber nur bis Ende des Monats."

Die Frauen redeten durcheinander. Ja, das wäre doch schön, ein Planschbecken, die Kinder hätten sicher Spaß. Einige Mütter erklärten, wie günstig das würde, wenn alle zusammenlegten.

Andrea wurde unruhig. Sie konnte nicht mithalten. Aber sie wollte sich auch nicht outen. Nicht sagen: Ich kann nicht überall mitmachen. Meine Möglichkeiten sind begrenzt.

Sie war ja schon ruhig, wenn manche Frauen über Anschaffungen sprachen, die sie selbst sich nicht leisten konnte. Vor Kurzem hatte eine Mutter von ihrem neuen Bügelautomat geschwärmt. Andrea wäre schon froh, wenn sie erst mal ein besseres Bügeleisen hätte.

„Oh, Gott", dachte sie leise. „Eigentlich ist es ein kleines Problem, aber für mich wird es langsam ein großes. Könntest du helfen?"

„Also, wie ist das mit dem Planschbecken? Machen alle mit?"

Andrea schaute in die Runde. Zustimmendes Nicken, Bejahen. Hatten sie denn alle das Geld einfach so übrig?

Nein, eine neue Mutter lächelte und sagte: „Oh, das tut mir leid, ich würde gern mitmachen, aber ich kann mir das momentan nicht leisten. Bitte haben Sie Verständnis, aber wir sind finanziell nicht so gestellt, dass am Ende des Monats viel übrig bleibt. Ich hoffe, Sie nehmen mir das nicht übel."

Sie lächelte dabei so freundlich und es schien ihr auch nicht besonders peinlich zu sein, das zuzugeben. Andrea staunte. Und nun war es plötzlich so, als ob ein Damm gebrochen wäre.

„Also, eigentlich", sagte eine der Mütter, „geht es mir genauso."

„Ja", stimmte eine andere zu. „Ich wollte auch schon länger mal was dazu sagen. Ich finde es schön, wenn wir hier die Geburtstage feiern. Aber können wir nicht einfach nur eine Kleinigkeit schenken?"

Mehrere Mütter schlossen sich an. Also war Andrea doch nicht die Einzige. Es hatte nur jemanden gebraucht, der das Thema anschnitt.

Jetzt fasste auch Andrea Mut. „Mir geht es genauso“, sagte sie. „Ich habe schon überlegt, nicht mehr zu kommen. Ich kann mir die zusätzlichen Ausgaben einfach nicht leisten.“

Die Frauen schauten sich an. „Aber warum habt ihr das denn nicht schon früher gesagt?“, fragte eine der Mütter erstaunt. „Es ist doch kein Problem, dann stimmen wir uns einfach neu ab.“

Ja, dachte Andrea. *Warum habe ich das nicht schon früher gesagt? Eigentlich kann ich es mir nicht leisten, zu schweigen.*

Sie lächelte ein wenig. „Stimmt, ich hätte schon früher etwas sagen sollen.“ Erleichterung war in ihrer Stimme zu hören.

Die Schatzkiste

„Mama, spielst du mit mir?", fragte Amelie bittend.

„Warte, ich mache nur noch die Küche fertig. Du kannst dir ja schon mal ein Spiel aussuchen, Amelie."

Juliane seufzte. Sie hatte sich vorgenommen, sich ein bisschen mehr mit Amelie zu beschäftigen. Sie war manchmal etwas schwierig und brauchte wohl mehr Aufmerksamkeit. So hatte es jedenfalls die Erzieherin beim Gespräch im Kindergarten gesagt. Natürlich, sie wollte gern allen drei Kindern gerecht werden. Die Großen brauchten sie im Moment noch immer sehr bei den Hausaufgaben. Da kam Amelie manchmal zu kurz. Ihr Mann war beruflich extrem eingespannt und hatte abends oft gar nicht mehr die Kraft, mal mit den Kindern zu spielen.

Sie selbst spielte nicht gern. Aber natürlich, wenn Amelie sie brauchte, würde sie sich auch auf das Spiel einlassen, was sie sich wünschte. Hoffentlich war es nicht wieder Tiere kneten oder im Kaufladen einkaufen.

Nein, heute hatte Amelie ihre Schatzkiste vor sich stehen. Sie war lila, mit bunten Perlen besetzt. Der Griff war in der Form einer Prinzessin gehalten. Eben eine richtige Kinderschatzkiste.

„Mama, hier habe ich ganz viele Schätze. Willst du mal in

meine Schatzkiste gucken? Aber du darfst den anderen nicht erzählen, was ich alles hier drin habe. Es ist ein Geheimnis", erklärte Amelie ernsthaft.

Juliane tat ihr den Gefallen und bewunderte die kindlichen Schätze.

„Oh, so viele Aufkleber hast du gesammelt? Die sind aber schön. Am besten gefällt mir der glitzernde Bär", ging sie auf das Spiel ein.

Plötzlich kam ihr ein Gedanke. „Weißt du was, Amelie, ich habe auch eine Schatzkiste."

„Du, Mama? Die hab ich ja noch nie gesehen. Wo hast du sie denn versteckt?"

Juliane lächelte ein wenig, nahm Amelie an die Hand und bestieg mit ihr die Treppe zum Dachboden.

„Oh, Mama, das ist aber lustig. Hier oben hast du deine Schätze versteckt? Ist das ein Geheimnis? Weiß das der Papa? Und die Großen? Ich bin mal gespannt, was in deiner Schatzkiste ist", plapperte die Kleine vergnügt.

Juliane kramte in dem alten Regal herum. „Warte mal, hier irgendwo muss sie doch sein?"

Ein wenig Staub wirbelte auf und Amelie musste niesen.

Endlich hatte Juliane gefunden, was sie suchte. Sie blies den Staub von der Pappschachtel. „So, hier ist meine Schatzkiste", sagte sie.

Amelie schaute ein wenig enttäuscht. „Das soll eine Schatzkiste sein, Mama? Die sieht ja gar nicht wertvoll aus."

Juliane schaute sie an und lächelte. „Komm, wir nehmen die Kiste mal mit in die Wohnung. Ich zeige dir meine Schätze. Und dann kannst du mir sagen, ob sie wertvoll sind oder nicht."

Amelie nickte ernsthaft. Das Spiel schien ihr zu gefallen. Die beiden stellten die Pappschachtel mitten auf den Küchentisch. Juliane nahm den Deckel ein kleines Stück hoch. „So, Amelie, du darfst gleich einen Schatz rausnehmen. Und dann überlegen wir zusammen, ob er wertvoll ist. Aber nicht gucken, einfach nur hineingreifen."

Die Kleine schloss ganz ernsthaft die Augen und griff in die Kiste. Das Erste, was sie herauszog, war ein Foto. „Was ist das denn, Mama? Das ist ja nur ein Stück Papier. Und man kann gar nichts darauf erkennen."

Juliane setzte sich neben sie. „Schau mal, Amelie, das ist das erste Foto, was ich von dir habe. Das hat der Arzt gemacht, als du noch in meinem Bauch warst. Sieh mal, hier ist dein Kopf und das sind deine kleinen Fingerchen."

Amelies Gesichtsausdruck zeigte Erstaunen – und Freude. „Das bin ich? So sah ich aus?", fragte sie.

„Ja", sagte Juliane und sah sie zärtlich an. „Ich habe mich so auf dich gefreut. Schon als du in meinem Bauch warst, hatte ich dich lieb und habe mich auf den Tag gefreut, an dem du auf die Welt kommen würdest. Deshalb habe ich das Foto aufbewahrt."

Amelie guckte richtig gerührt. Sie kuschelte sich an ihre Mutter und wurde ganz still, so, als ob sie einfach ihre Liebe und Nähe genoss. Das hatte sie in den letzten Wochen nicht mehr getan, sie war oft so kratzbürstig gewesen. Juliane streichelte sie und sagte: „Deshalb ist dieses erste Foto von dir ein Schatz, denn du bist ja mein Schatz."

Amelie drückte sich noch enger in den Arm ihrer Mutter. Im Moment wollte sie anscheinend nicht spielen, sondern eher Julianes Nähe genießen.

Juliane schaute wieder auf die verblichene Schachtel. Sie hob den Deckel hoch und kramte ein bisschen darin herum. Hier waren die Perlen von ihrem Brautschmuck, den sie in den Haaren getragen hatte. Ein wunderschöner Tag war es gewesen und die Zukunft hatte so hell vor ihr gelegen.

Ihr Bick fiel auf ein mit dem Computer geschriebenes Blatt

und ihre Gedanken wanderten zurück. Das war die dunkelste Zeit in ihrer Familie gewesen. Dieses Blatt war die Genehmigung dafür gewesen, dass sie berechtigt war, zur Ausgabestelle für Lebensmittel für bedürftige Familien zu kommen und Essen zu holen. Ihr Mann war damals arbeitslos gewesen, sie hatte oft nicht gewusst, wie sie das Geld strecken sollte, um auch nur kleine Wünsche der Kinder zu erfüllen.

Aber gleichzeitig war es eine helle Zeit gewesen. Sie hatte in traurigen Stunden immer wieder die Hilfe Gottes erlebt. Wie er ihr Kraft gegeben hatte. Neuen Mut. Und irgendwie war es immer gegangen.

Das konnte sie ihrem Kind noch nicht so richtig erklären. Oder doch?

Amelie reckte sich. „So, Mama, jetzt kommt der nächste Schatz", erklärte sie. Ihre kleinen Hände ertasteten den Perlenschmuck, den Juliane auch eben in der Hand gehabt hatte. „Oh, wie schön", bewunderte sie den Schmuck.

„Die Perlen hatte ich bei meiner Hochzeit im Haar", sagte Juliane.

„Oh, dann sahst du bestimmt aus wie eine Prinzessin!", jubelte Amelie.

Juliane lächelte. „Komm, ich stecke dir die Perlen ins Haar. Dann siehst du aus wie eine Braut", schlug sie fröhlich vor.

Sie legte den Deckel auf die Schatzkiste und strich mit ihrer Hand darüber. Die Erinnerungen hatten sie neu dankbar gemacht. Dankbar für ihre Familie. Dankbar für die Hilfe Gottes in schwierigen Zeiten. Heute Abend würde sie noch einmal ganz allein in die Kiste schauen und sich zurückerinnern.

Sie wusste, dass außerdem noch eine kleine Scherbe von ihrem ersten Geschirr darin lag. Ihr Mann und sie hatten einen furchtbaren Streit gehabt. Dabei war der Teller zu Bruch gegangen. Aber sie hatten Kraft zur Versöhnung gefunden. Ja, ihr Leben war versöhnt.

Ihr größter Schatz jedoch war unsichtbar, und das war ihr Glaube an Gott und an Jesus, seinen Sohn. Er hatte immer wieder geholfen, vergeben und jedes Mal Kraft zur Versöhnung gegeben, auch in schwierigen Zeiten hatte er sie nicht verlassen.

„Ich habe wirklich ganz schön viele Schätze", sagte sie zu Amelie und lächelte. Dieses Spiel gefiel ihr.

Ich kann das!

Heute war Montag und damit Waschtag. Die Woche lag lang vor Kathleen. Montags ging ihr das meistens so. Das Wochenende war vorbei. Die Termine und Pflichten der Woche gingen ihr durch den Kopf. Sie war manchmal so müde. Drei Kinder konnten einen wirklich ganz schön fordern.

Es war ihr sehr wichtig, eine gute Mutter zu sein. Ihre große Tochter war jetzt in der Schule. Sie freute sich, dass eins ihrer Kinder schon so weit war – selbstständiger wurde. Aber weniger Arbeit hatte sie dadurch nicht. Im Gegenteil, jetzt kamen die Hausaufgaben dazu. Und sie wollte Annika fördern. Außerdem musste sie ihre Tochter zweimal in der Woche fahren – einmal zum Ballett, das andere Mal zur Musikschule.

Gut, dass Robin jetzt in den Kindergarten ging. Er machte morgens kein Theater, das war schon eine Entlastung.

Ja, und dann hatte sie nur noch Finja zu Hause. Die allerdings forderte Kathleen sehr. Mit ihren zwei Jahren war sie ganz schön temperamentvoll.

Aber sie war auch ein liebes Kind. Man musste sie nur immer beschäftigt halten. Kathleen schaute vor sich hin. Sie war müde. Manchmal machte schon allein die tägliche Arbeit und die Routine, das Gleichmaß, sie so müde.

Ihre kleine Tochter schaute sie mit bettelnden Augen an.

„Ja, komm, Finja, wir hängen die Wäsche zusammen auf. Du nimmst sie aus dem Korb, und ich hänge sie auf den Ständer. Die Kleine strahlte. Mit ihren Händchen nahm sie einen Strumpf nach dem anderen aus dem Korb und reichte ihn ihr. Kathleen sparte nicht mit Lob.

Die Kinder brauchten doch Ermutigung.

Da klingelte das Telefon. „Finja, Mama geht eben ans Telefon, ich komme gleich wieder", erklärte sie ihrer Tochter. Sie nahm das Telefon von der Station. Es war ihre Freundin. Kathleen lauschte. Finja war ruhig. Da konnte sie sich wenigstens kurz hinsetzen und ein paar Worte sprechen. Lange dauerte es wirklich nicht.

Als sie ins Badezimmer zurückkam, war der Wäschekorb leer. Die Strümpfe hatte die Kleine aufgehängt, aber nicht auf den Wäscheständer. Die Leinen waren ihr zu hoch. Stattdessen hatte sie sie über die Toilettenbrille gehängt. Nun stand sie mit strahlenden Augen vor ihrer Mutter.

Kathleen reagierte entsetzt, verzog das Gesicht und schimpfte: „Finja, das kannst du doch nicht machen."

Das Mädchen hatte ihre Mutter anders verstanden. Deshalb strahlte sie und erklärte stolz: „Das tann ich."

Trotz allem musste Kathleen jetzt schmunzeln. Es sah zu süß aus, wie ihre Kleine so eifrig helfen wollte. Sie zog Finja an sich.

„Das tann ich", wiederholte sie leise und lächelte. „Ja, Gott, das kann ich", sagte sie dann laut. „Ich kann es schaffen, du wirst mir helfen."